Wiktor Kopernikus

First Polish Reader Volume 3

Bilingual for Speakers of English

Level A2

LANGUAGE
PRACTICE
PUBLISHING

First Polish Reader Volume 3
by Wiktor Kopernikus

Series Title: Graded Polish Readers, Volume 3
Audio tracks: www.lppbooks.com/Polish

www.audiolego.com

Spis treści
Table of contents

Audio tracks..7

Rozdział 1 Pewne trudności z tłumaczeniem 8

Rozdział 2 Zniszczona sukienka 11

Rozdział 3 Ucieczka ciemną nocą 14

Rozdział 4 Japońska umowa 17

Rozdział 5 Miłość od pierwszego wejrzenia 20

Rozdział 6 Piłka nożna 25

Rozdział 7 Pościg 28

Rozdział 8 Zły horoskop 31

Rozdział 9 Bardzo pilny telefon 34

Rozdział 10 Goście 37

Rozdział 11 Niefortunny rabunek 41

Rozdział 12 Wypchane zwierzę 45

Rozdział 13 Świetna impreza 48

Rozdział 14 Tajemniczy głos 51

Rozdział 15 Dziwna grupa 54

Rozdział 16 Eksperyment naukowy 57

Rozdział 17 Nieprzewidywalny szczegół 60

Rozdział 18 Przesądy 63

Rozdział 19 Dobrzy sąsiedzi 66

Rozdział 20 Niespokojny pacjent 69

Rozdział 21 Wypadek na jeziorze 72

Rozdział 22 Kawowa gwarancja 75

Rozdział 23 Kudłaty partner 78

Rozdział 24 Najlepszy ekspres do kawy na świecie 81

Rozdział 25 Komu jest on bardziej potrzebny? 84

Rozdział 26 Fatalna kłótnia 88

Rozdział 27 Stary dobry przyjaciel 91

Rozdział 28 Krety – miłośnicy muzyki 94

Rozdział 29 Psychologia zbrodni 97

The 1300 important German words 100

Days of the week 100

Months 100

Seasons of the year 100

Family 100

Appearance and qualities 100

Emotions 101

Clothes...101

House and furniture..102

Kitchen...102

Tableware...103

Food...103

Meat and fish...104

Fruit...104

Vegetables..104

Beverages...105

Cooking..105

Housekeeping...105

Body care...106

Weather..106

Transport..106

City...107

School...108

Professions...109

Actions...109

Music..110

Sports...110

Body...111

Nature..112

Pet..112

Animals..112

Birds...112

Flowers...113

Trees...113

Sea..113

Colors...114

Size...114

Materials..114

Airport..114

Geography..115

Crimes..115

Numbers...116

Ordinal numbers..116

Audio tracks

The book is equipped with the audio tracks. With the help of QR codes, call up an audio file in no time, without typing a web address manually. Use VLC Media Player to control the playback speed.

Pewne trudności z tłumaczeniem

David i Robert postanowili pracować dla Policji jak tylko ukończyli studia na uczelni. Oboje pamiętali, jak ciekawym było towarzyszenie patrolowi policji, a następnie pisanie raportów dla kroniki kryminalnej. Wszystko to miało wpływ na ich los. Wkrótce Davidowi się powiodło i został przyjęty do Policji. Robert niestety, jako że był obywatelem niemieckim, nie miał tyle szczęścia. Zrozumiał jednak, że o wiele bardziej interesującym było dla niego prowadzenie śledztw. Dlatego też

Some difficulties with translation

As soon as David and Robert finished their studies at college they decided to work for the Police. They both remembered how it was interesting to accompany the Police patrol and then to write reports for the criminal column. All that has influenced them a lot. And soon David was lucky. He was accepted to the Police crew. Robert was not lucky as he was a German citizen. But Robert understood that it was very interesting for him to investigate the crimes. That's why

postanowił zostać prywatnym detektywem.

Któregoś dnia, pewien cudzoziemiec postanowił obrabować bank. Przygotował się do tego dokładnie, wszedł do budynku i podszedł do okienka. Starał się przyciągnąć na siebie możliwie jak najmniej uwagi. Ukrył swój plastikowy pistolet pod kapeluszem, który położył na okienku stanowiska. Poczekał aż kasjerka grzecznie go przywita, a potem podał jej liścik, na którym było napisane: «to jest rabunek. Mam pistolet pod moim kapeluszem i jest wycelowany prosto w ciebie. Zapakuj szybko pieniądze i nie przyciągaj niczyjej uwagi.»

Kasjerka wzięła karteczkę i zaczęła czytać uważnie. Wyraz jej twarzy nie zmienił się - był tak przyjazny jak na początku. Przyglądała się notatce dość długo. Potem ją zmięła i zapytała:

«Więc w czym mogę Panu pomóc?»

Rabuś wskazał nerwowo palcem karteczkę.

«Tak, wiem, ale nie rozumiem z tego ani słowa,» powiedział kasjer. «Ma Pan bardzo nieczytelne pismo.»

Rzeczywiście, karteczka zapisana była okropnymi bazgrołami. Kasjerka naprawdę nie potrafiła zrozumieć, co tam było napisane. To dlatego wciąż uśmiechała się do niego w tak przyjazny sposób. Nie

he became a private detective.

Once a foreigner was going to robber a bank. He prepared thoroughly, entered the building and came up to the cashier window. He planned to attract as little attention as possible. He covered his plastic gun with his hat which he placed on the stand in front of the window. Then he waited till the cashier greeted him politely. And then he gave her a note. It said the following: «it's a robbery. I have a gun under my hat, and it's pointed right at you. Quickly put all the money into the package and don't attract any attention.»

The cashier took the note and began to read it attentively. Her expression did not change - it was as friendly as it was before. She looked at the note long enough. Then she twiddled it and asked:

«So how can I help you?»

The robber pointed irritatingly with his finger at the note.

«Yes, but I can't understand a word here,» said the cashier. «You have a very illegible writing.»

To tell the truth - there were awful scribbles on the note. And she really couldn't understand what was written there. That's why the woman in the window continued to smile in a friendly way. And she didn't understand at all what

rozumiała czego od niej chciał.

Złodziej zdenerwował się. Próbował wyjaśnić jej swoje zamiary. Nie znał on niestety prawie ani słowa po angielsku. Z jego mieszaniny hiszpańskiego z angielskim, zrozumiała jeszcze mniej niż z notatki. Złodziej próbował wyjaśnić jej to wszystko jeszcze raz, ale rezultat był zawsze ten sam. Powoli zaczęła się gromadzić za nim mała kolejka, więc odszedł zirytowany.

Przypadkiem kolejną osobą w kolejce był Robert. Podał kasjerce swoje rachunki i czekał, aż dokona wszystkich niezbędnych operacji. Nagle jego uwagę przyciągnął dziwny liścik leżący na stanowisku. Złodziej był tak zdenerwowany, że zapomniał zabrać swoją karteczkę! Robert, jako prywatny detektyw, poradził sobie z wiadomością o wiele lepiej niż kasjerka. Pismo było naprawdę straszne, same bazgroły! Ale wystarczyło mu pół minuty, aby zrozumieć wszystko, co było tam napisane.

«Skąd Pani to ma?» Robert zapytał kasjerkę, a ona wyjaśniła mu wszystko. Robert spojrzał na nią bardzo uważnie.

«Musimy zawiadomić policję,» powiedział Robert. «Trudności z tłumaczeniem właśnie uratowały Panią od prawdziwego rabunku.»

he wanted.

The robber became nervous. He tried to explain her his intention. But he couldn't speak almost any English. And she understood from his mixture of Spanish and English even less than from the note. The robber explained it all to her once more, but the result was the same. A small queue began to gather behind him, and he went away in irritation.

It happened so that the next person in the queue was Robert. He handed the cashier necessary receipts and waited till she did all the required operations. And suddenly his attention was attracted by a strange note that was lying on the stand. The robber was so nervous that he forgot to take away his note! And as Robert worked as a private detective, he dealt with the message better than the cashier. The writing was very awful; there were just scribbles! But just in half a minute he understood all that was written there.

«Where did you get it?» Robert asked the cashier. She explained it to him. Robert looked at her very attentively.

«We have to call the Police,» said Robert. «Difficulties with translation have just saved you from the real robbery.»

Zniszczona sukienka

Żona Roberta, Lena, była właścicielką pralni chemicznej. Bardzo lubiła swoją pracę. Ostatnio jednak praca nie szła jej najlepiej. Lena była bardzo zdenerwowana. Kilka dużych sklepów na tej samej ulicy zostało zamkniętych i klienci zaczęli się pojawiać coraz rzadziej. Dziś nikt jeszcze nie odwiedził pralni chemicznej. Lena wiedziała, że będzie musiała wkrótce zamknąć działalność i była tym przerażona, gdyż groziło to biedą i bezrobociem.

Pewnego dnia w pralni chemicznej pojawił się nowy klient. Mężczyzna przyniósł

A damaged dress

Robert's wife Lena was the owner of a dry cleaner's. She always liked to do this job. But lately the work was going badly. Lena was very upset. A few big shops closed in their street and the clients appeared very rarely. And now no one visited the dry cleaner's during the whole day. Lena understood that she would have to close the business soon, and she was terrified because of this, as it threatened her with poverty and unemployment.

Once a new client appeared in the

do czyszczenia niebieską, wieczorową sukienkę. Nie była ona nowa, ale była przepiękna i na pewno bardzo droga. Lena była bardzo zadowolona z tego zamówienia, choć rozumiała doskonale, że nie uratuje to jej pralni chemicznej. Stała się jednak rzecz straszna! Podczas czyszczenia, sukienka uległa całkowitemu zniszczeniu! Nigdy wcześniej jej się to nie przytrafiło. Suknia wyglądała okropnie. Nie mogła jej oddać właścicielowi w takim stanie.

«I co ja mam teraz zrobić?» Lena spytała rozpaczliwie Roberta.

«Musisz kupić tę sama sukienkę. Nie widzę innego wyjścia z tej sytuacji,» poradził jej Robert.

Lena posłuchała go i zgodziła się na odkupienie sukienki. Odwiedziła prawie wszystkie sklepy w mieście, ale w żadnym nie mogła znaleźć identycznej sukni. Tymczasem zbliżała się pora oddania klientowi jego zamówienia. Lena wpadła w panikę. Była bardzo zmęczona i zdenerwowana z powodu tego problemu. Dopiero wieczorem, za pomocą jakiegoś cudu udało jej się znaleźć identyczną sukienkę. Kosztował fortunę, ale Lena nie miała innego wyjścia - musiała ją kupić. Rano klient odebrał sukienkę. Niczego nie podejrzewając, podziękował Lenie i wyszedł. Lena i Robert odetchnęli z ulgą.

Następnego dnia Lena postanowiła

dry cleaner's. The man brought blue evening dress to clean. It was not new but beautiful and definitely very expensive. Lena was glad to get this order. Though she understood that it wouldn't save her dry cleaner's. And some awful thing happened! During the dry cleaning she totally spoiled the dress! It never happened to her before. The dress looked awful after the dry cleaning. She could not return it to the owner in such an awful condition.

«And what do I do now?» Lena asked Robert sadly.

«Buy the same dress. I can't see another way out of this situation,» Robert advised her.

Lena listened to him and agreed to buy the same dress. She visited almost all the shops in the city but there was no such dress. Meanwhile it was time to return the order to the client. Lena panicked a lot. She was very tired and upset because of this problem. She miraculously found such a dress only in the evening. It cost a fortune, but there was no another way out and Lena had to buy it. In the morning the client got his order. He didn't suspect anything, thanked Lena and went away. Lena and Robert felt relieved.

The next day Lena decided to tell

poinformować swoją asystentkę, że pralnia chemiczna prawdopodobnie zostanie zamknięta i że będzie musiała poszukać sobie nowej pracy. Trudno było o tym myśleć, ale nie było innego wyjścia. Nagle jednak wszystko się odmieniło. Najpierw do pralni chemicznej przyszła stara kobieta, aby oddać swój płaszcz, następnie mężczyzna z kilkoma garniturami, potem kolejna kobieta przyniosła kilka bluzek i sukienek. Lena nie mogła uwierzyć własnym oczom! Do jej pralni zaczął przychodzić jeden klient za drugim. Tego wieczoru Lena nie powiedziała swojej asystentce ani słowa o zamknięciu. Postanowiła poczekać. Była bardzo zaskoczona. Następnego dnia klienci nadal do niej przychodzili. Lena nie mogła pojąć, co się wydarzyło. Wreszcie po rozmowie z jedną z klientek zrozumiała, co było powodem.

«Wiesz, powiedziano mi, że twoja pralnia chemiczna jest najlepszą pralnią w mieście,» powiedziała klientka. «Mąż mojej przyjaciółki przyniósł tutaj jej niebieską suknie koncertowa. Miała już ponad 10 lat. A teraz moja przyjaciółka mówi, że po praniu wygląda jak nowa! To prawda, widziałam na własne oczy!»

Wtedy Lena zrozumiała, co się stało. Oczywiście mowa była o tej samej sukience! Od tego czasu pralnia chemiczna cieszyła się bardzo dużym powodzeniem.

her assistant that the dry cleaner's was going to be closed and she would have to look for a new job. It was hard to think about that but there was no other way out. However, suddenly everything has changed. First, an old woman came to the dry cleaner's with a coat, then a man with a few suits, then a woman brought a few blouses and dresses. Lena could not believe her eyes! One client after another came to the dry cleaner's. That evening Lena told her assistant nothing about the closing. She decided to wait. And she was very surprised. The next day clients kept on coming. Lena couldn't understand what was happening. But once she spoke with one of the visitors and got to know the reason.

«You know, I was told that you have the best dry cleaner's in the city,» the client told her. «My friend's husband brought here her blue concert dress. The dress was about 10 years old. And now my friend says that after your dry cleaner's it looks like new! It's true, I saw it myself!»

Then Lena understood what had happened. Of course, it was the same dress! Since that time there were always a lot of orders at the dry cleaner's.

3

Ucieczka ciemną nocą

Ron przez długi czas był cieszącym się sukcesem złodziejem. Potem jednak stał się zwykłym więźniem. Oczywiście nie był zadowolony z takiego zwrotu w jego karierze. Po dwóch miesiąca w więzieniu, nie tylko udało mu się obmyślić plan ucieczki, ale także opracować wszystko z jego partnerami, którzy byli na wolności. Odwiedzili go w więzieniu kilka razy i podczas tych spotkań omówili wszystko bez wzbudzania niczyich podejrzeń. Wreszcie nadszedł dzień ucieczki. Ron był w bardzo dobrym nastroju. Poczekał aż nastała noc i o ustalonej godzinie był już gotowy. Zrobił linę z kilku kawałków

The dark night's escape

Ron has been a successful robber for a long time. But then he became an ordinary prisoner. Of course, he did not like such turn in his career. After just two months in prison, he managed not only to think up a plan of escape, but he also coordinated everything with his partners in crime who were at large. They visited him in prison several times and during these meetings they coordinated everything on the sly. And finally the day of the escape came. Ron was in a good mood. He waited for the night to come and at the appointed time he was ready. He made a rope out of several sheets. Then he lowered it down

prześcieradła. Spuścił ją przez kraty w dół. Jego cela znajdowała się na czwartym piętrze, więc musiał być bardzo ostrożny. Noc była zupełnie czarna. Ron miał nadzieję, że ani lina, ani jego partnerzy nie zostaną zauważeni. Poczekał kilka minut. Zaczął się trochę martwić. Potem jednak otrzymał sygnał z dołu - ktoś pociągnął linę trzy razy. Był to sygnał, który oznaczał, że wszystko było gotowe. Ron ucieszył się i zaczął wciągać linę z powrotem do góry. Nie zajęło mu to dużo czasu. Po chwili wciągnął przez kraty do celi dużą paczkę.

«Doskonale!» wyszeptał.

Ron poprosił swoich partnerów, aby umieścili w paczce naładowany pistolet. Planował użyć go przeciwko strażnikom. Miał nadzieję, że uda mu się zmusić strażników przy pomocy pistoletu, aby otworzyli mu drzwi. Ron zaczął otwierać paczkę. Było ona jednak zawinięta w wiele warstw papieru i taśmy klejącej.

«Idioci!» pomyślał Ron, «To nie jest prezent świąteczny. Co im przyszło na myśl?»

Był zły, ponieważ nie miał w celi ani nożyczek, ani noża. Miał za to mało czasu. Ron zaczął rozpakować paczkę, ale odrywana taśma robiła strasznie dużo hałasu. Ron martwił się, że strażnicy mogą go usłyszeć. Starając się nie wydawać żadnych dźwięków, zaczął odwijać taśmę

out of the window through the bars. The camera was situated on the fourth floor, so he had to do his best. The night was absolutely dark. Ron hoped that the rope and his partners in crime would not be noticed. He waited for a few minutes. And then he began to worry. Then he received a signal from below - someone pulled the rope three times. It was the signal they agreed to. It meant that everything was ready. Ron was very glad and started to pull the rope back. It did not take him long. Soon he pulled into the room a large bundle through the bars.

«Excellent!» he whispered.

He asked his partners in crime to put a loaded gun into the package. Ron planned to use it against the guards. He hoped to make the guards open the door with the help of the gun. Ron started to unwrap the package. But it was wrapped with the paper and Scotch tape in many layers.

«Idiots!» - Ron thought. – «It's not a Christmas present. What were they thinking about?»

He was angry. As there were no scissors or knife in his cell. He had little time. The tape made a loud noise when Ron began to unwrap the package. Ron started to worry that the guards would hear the noise. Trying not to make noise

warstwa po warstwie. Zajęło mu to czterdzieści minut. Przeklinając głupotę swoich partnerów, Ron wreszcie dotarł do warstwy papieru. Zaczął go odwijać. Wreszcie, ujrzał pod nim pudełko.

«Zapakowane jak w sklepie» - Ron szepnął ze złością.

Ale po dokładnych oględzinach pudełka, Ron zdał sobie sprawę, że sytuacja jest o wiele gorsza. W pudełku nie było pistoletu. Zamiast niego znalazł ...Biblię.

Przez jakiś czas Ron po prostu siedział i patrzył na księgę. Nic z tego nie rozumiał. Ron przyszedł do siebie dopiero, gdy usłyszał śmiech strażników. W tej chwili policjant, który prowadził sprawę Rona wszedł do celi. Był to David.

«Co jest, stary?» David powiedział do Rona, «Radzę ci otworzyć tę księgę i zmówić modlitwę za swoich partnerów, bo spędzą oni dzisiaj swoją pierwszą noc w celi. Tak, tak, udało nam się ich aresztować.»

David uśmiechnął się na widok zaskoczenia Rona.

«Słyszeliśmy, że zaplanowaliście ucieczkę,» David wyjaśnił - zastanowiliśmy się nad tym i pomyśleliśmy, że Biblia bardziej ci się przyda. Cóż, życzę miłej lektury, Ron!»

he began to unwrap the tape layer by layer. It took him forty minutes. Cursing the stupidity of his partners in crime, Ron finally reached the paper. He began to unwrap the paper. Finally, under the paper he saw the box.

«Packed up like in the store» - Ron whispered angrily.

But having carefully examined the box, it appeared to Ron that all seemed to be much worse. It was not the box with the gun, it was ... the Bible.

For a minute Ron just sat and looked at the book. He could not understand anything. Ron came to only when he heard the laughter of the guards. At that moment the policeman who led Ron's case entered the room. It was David.

«What's up, buddy?» David said to Ron, «I advise you to open the book and read a prayer for your partners, as they will spend their first night in a cell tonight. Yes, yes, we arrested them successfully.»

David smiled at Ron's surprise.

«We heard you were planning to escape,» David explained - «then we considered it and decided that the Bible will be more useful for you. Well, enjoy reading, Ron!»

4

Japońska umowa

Żona Davida, Anna, pracowała jako asystentka dyrektora sprzedaży. Ich firma zamierzała podpisać duży kontrakt z pewną japońską spółką. Anna pojechała ze swoim szefem do Japonii w ramach ostatniej fazy negocjacji. Szef Anny miał na imię Nick. Podróż służbowa była bardzo ciekawa; negocjacje szły świetnie. Wszyscy czekali na finalizację umowy. Nagle jednak Japończycy odmówili jej podpisania. Nick i Anna byli bardzo zaskoczeni. Japończycy nic im nie wyjaśnili. Poprosili jedynie o wysłanie do Japonii innych przedstawicieli z ich firmy.

Japanese contract

David's wife Anna worked as an assistant of the sales director. Their firm was going to sign a big contract with a Japanese company. Anna went to Japan with her chief for the last phase of the negotiations. The chief's name was Nick. The business trip was interesting; the negotiations were going great. Everyone was waiting for the finalization of the contract. But suddenly the Japanese refused to sign it. Nick and Anna were very surprised. The Japanese did not explain anything to them. They just asked to send to Japan other representatives

Anna i Nick musieli wrócić do domu.

«Ale co się stało?» Dyrektor Generalny zapytał ich, gdy się spotkali po powrocie. «Byli gotowi do podpisania umowy. Co poszło nie tak?»

«Wszystko szło doskonale! Nie rozumiemy co się wydarzyło!» powiedział Nick. «Wiesz, że zawsze idealnie przeprowadzam negocjacje.»

Dyrektor Generalny postanowił zatrudnić specjalistę w kulturze japońskiej. Nick i Anna długo opisywali mu podróż w najmniejszych szczegółach. Specjalista przeanalizował każdy ich krok i wreszcie powiedział:

«Myślę, że wiem, jaki błąd popełniliście. Sprawdźmy to.»

Kolejny urzędnik udał się do Japonii w celu kontynuowania negocjacji. Specjalista w kulturze Japońskiej spotkał się z nim i dał mu kilka wskazówek przed wyjazdem.

Minęło kilka dni i urzędnik wrócił z podpisaną umową!

Nick nadal nie rozumiał - o co im chodziło? Postanowił zadzwonić do specjalisty.

«Więc jaki błąd popełniliśmy?» – zapytał Nick.

«Pamiętasz, jak zapytałem was, jak zachowywaliście się przy stole,» zaczął. «A ty powiedziałeś, że próbowaliście jeść

from their firm. Anne and Nick had to go home.

«But what happened?» the Director General asked them when they met after returning. «They were ready to sign the contract. What did you do wrong?»

«Everything was perfect! We do not understand what has happened!» Nick said. «You know, I always carry on negotiations perfectly.»

The Director General decided to hire a specialist in Japan studies. Nick and Anna described the journey to him in detail for a long time. He verified every detail and finally said:

«I think I understand what your mistake was. Let's try to check.»

Another officer went to continue the negotiations. A specialist in Japan studies met him and gave him some instructions before leaving.

A few days have passed, and a new officer returned with a signed contract!

Nick still did not understand - what was the matter? He decided to call the specialist in Japanese culture.

«So, what was our mistake?» - Nick asked.

«You see, I asked you how you behaved at the table,» he replied. «And you said that you tried to eat quietly and

spokojnie i z elegancją, czyż nie?»

«Oczywiście!» - powiedział Nick.

«Faktem jest, że takie zachowanie to niestety obraza dla Japończyków. Jeżeli goście nie chrupią podczas posiłku, to oznacza, że im nie smakuje! Japończycy nie chcieli podpisać z wami umowy, ponieważ ich obraziliście!» - wyjaśnił.

Okazuje się, że czasem zwykłe chrupnięcie może cię kosztować duży kontrakt.

neatly, didn't you?»

«Of course!» - Nick said.

«The fact is that it was an insult to the Japanese. When a guest does not champ during the meal, he shows that he does not like the food! The Japanese did not want to sign a contract with you because you have insulted them!» - He explained.

So sometimes the common champ can cost a big contract.

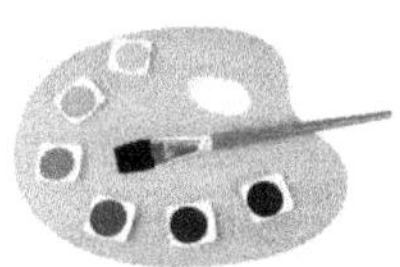

Miłość od pierwszego wejrzenia	**Love at first sight**

David uwielbiał swoją pracę na policji. Był szczęśliwy wiedząc, że utrzymuje on prawo i porządek. Czasem przydarzały mu się w pracy bardzo ciekawe przypadki. David pamiętał w szczególności przypadek pewnego złodzieja o imieniu Jim.

Jim dokonał kiedyś ogromnego napadu na bank. Rabunek mu się powiódł. Musiał się jednak spieszyć. Policja nie dotarła jeszcze do banku, ale Jim wiedział, że wkrótce tam będą. Pobiegł on na dworzec autobusowy i wsiadł do autobusu międzymiastowego. Miał zamiar wyjechać z miasta na zawsze. Musiał jednak

David loved his job at the police. He was pleased to think that he maintained law and order. Also interesting cases happened at his work sometimes. David particularly remembered the case of one robber whose name was Jim.

Jim committed a huge bank robbery. The robbery went quite well. Then he had to hurry. The police had not arrived at the bank yet, but Jim knew that they would come soon. He ran to the bus station and boarded the intercity bus. He was going to leave the city forever. He

umieścić torby z pieniędzmi w bagażniku autobusu. Jim nie był zdenerwowany. Nawet jeśli policja miałaby zatrzymać autobus i tak nie wiedzieliby, kto włożył te torby do bagażnika. Autobus opuścił miasto i jechał wzdłuż autostrady z dużą prędkością. Jim zdał sobie sprawę, że policja już go nie dogoni. Był w dobrym nastroju. Jim ujrzał w autobusie piękną dziewczynę. Była tak urocza, że nie mógł oderwać od niej oczu. Spojrzała na niego i uśmiechnęła się. Na chwilę zapomniał nawet o workach z pieniędzmi. To była miłość od pierwszego wejrzenia. Obok dziewczyny było puste miejsce. Podszedł do tej piękności i usiadł obok niej.

«Oczywiście, chciałbym wymyślić coś lepszego na pierwszą randkę z Tobą» powiedział do niej. «Ale muszę stąd natychmiast uciec. Więc pozwól mi tylko zaprosić cię na spacer. Nigdy nie widziałem tak pięknej dziewczyny!» powiedział.

Dziewczyna spojrzała na niego uważnie. Jim był wysokim, przystojnym mężczyzną. Podobał jej się.

«Dobrze,» powiedziała. «Dlaczego nie. Nie mam nic przeciwko.»

Nie chciała jednak dać nieznajomemu swojego numeru telefonu.

«Byłoby lepiej, gdybyś to ty dał mi swój numer. Tu masz długopis. Zapisz go na bilecie autobusowym,» powiedziała.

had to put the bags with the money into the trunk of the bus. But Jim was not upset. After all, if the police caught the bus, they would not know who put the bags into the trunk of the bus. The bus left the city and drove along the highway at a high speed. Jim realized that the police would not catch up with him. He was in a good mood. Jim saw a beautiful girl on the bus. She was so charming that Jim could not take his eyes off her. She looked at him and smiled. For a moment he had forgotten that he had bags of money. It was love at first sight. There was an empty seat near the girl. He came up to her and sat down next to this beauty.

«Of course, I would have liked to think up something better for a date with you,» he said to her. «But I must escape immediately. So let me just invite you for a walk. I have never seen such a wonderful girl!» He said.

The girl looked at him attentively. Jim was a tall, handsome man. She liked him too.

«Well,» she said. «Why not. I do not mind.»

But she did not want to give her phone number to a stranger .

«It would be better if you gave me your number. Here's a pen. Write it on

«Zadzwonię do ciebie później. Mam na imię Margaret.»

Jim musiał się na to zgodzić. Napisał swoje imię i numer telefonu na swoim bilecie autobusowym, a następnie pożegnali się. Dziewczyna wysiadła z autobusu na następnym przystanku. Jim jechał jeszcze przez następne dwie godziny, a następnie również wysiadł. Kierowca autobusu otworzył bagażnik i ... Jim nie mógł w to uwierzyć. Jego worki z pieniędzmi zniknęły! Ale kto mógł wziąć jego torby? To nie wyglądało na przypadek. Kierowca powiedział mu, że wydał te torby za okazaniem odpowiedniego biletu. Bilet był w posiadaniu dziewczyny, która wysiadła parę godzin temu. Kierowca zasugerować Jimowi, aby natychmiast wezwał policję. Jim spojrzał w zamyśleniu na kierowcę. Oczywiście, nie chciał wezwać policji. W tym samym momencie zadzwonił telefon. Odebrał go.

«Tak, słucham,» powiedział Jim.

«Jim, tu Margaret,» usłyszał głos piękności, «Czy wysiadłeś już z autobusu?»

Jim milczał przez chwilę. Po chwili odpowiedział.

«W jaki sposób dowiedziałaś się i pieniądzach, Margaret?» Zapytał nerwowo.

«Wybacz mi, nie mogłam oprzeć się pokusie,» powiedziała: «Usłyszałam o napadzie w radiu. Opis bandyty idealnie do ciebie pasował. Twoje szeroko otwarte oczy i

the bus ticket,» she said. «I'll call you later. My name is Margaret.»

Jim had to agree. He wrote his phone number and name on his bus ticket and then they said goodbye to each other. The girl came out of the bus in the next city. Jim drove for another two hours and then also left. The bus driver opened the trunk and ... Jim could not believe it. His bags with money were not there! But who could have taken his bags? It did not look like an accident. The driver told him that he gave the bags for a bus ticket. The ticket was produced by a girl who got off a couple of hours ago. The driver suggested to Jim that he call the police. Jim looked thoughtfully at the driver. Of course, he refused to call the police. At this moment his phone rang. He answered it.

«Hello,» said Jim.

«Jim, this is Margaret,» he heard the voice of the beauty from the bus, «Have you got off the bus already?»

Jim was silent for a while. Then he answered.

«How did you get to know about the money, Margaret?» He asked nervously.

«Sorry, I could not resist the temptation,» she said, «I heard on the radio about the robbery. The description of the robber coincided with your

nerwowy wyraz twarzy zdradził, że to ty byłeś bandytą, którego szuka policja,» powiedziała. «Wszedłeś do autobusu bez torby i pomyślałam sobie, że musiałeś je umieścić w bagażniku autobusu. A potem dałeś mi swój bilet autobusowy. Pamiętasz?»

«To ja wziąłem pieniądze z banku, więc są moje!» Jim krzyknął, oddalając się od autobusu, «Oddaj mi przynajmniej połowę!»

«Twój nerwowy krzyk nie jest tak przekonujący, jak twój uśmiech. Nie oddam ci pieniędzy, Jim. Jesteś mężczyzną, więc możesz obrabować kolejny bank. Tylko uważaj na nieznajome kobiety. Wybacz mi. Żegnaj!»

«Znajdę cię, Margaret! I będziesz żałować tego, że mnie oszukałaś!» krzyknął Jim, ale Margaret zdążyła już odłożyć słuchawkę.

Minęło kilka dni i Margaret zadzwoniła do niego ponownie. Powiedziała, że męczą ją wyrzuty sumienia i że chciałaby mu oddać połowę pieniędzy. Poza tym, Jim bardzo jej się spodobał i miała nadzieję poznać go trochę lepiej. Umówiła się z nim na spotkanie. Jim przyszedł w wyznaczone miejsce, o wyznaczonym czasie. Lecz zamiast Margaret i worków pieniędzy czekało na niego kilku policjantów.

Na posterunku policji Jim zapytał Davida czy Margaret została aresztowana. David powiedział Jimowi, że pewna dziewczyna wezwała policję. Powiedziała, że wie, jak

appearance. Your wide open eyes and the nervous expression on your face told me that you were the one the police were looking for,» she said, «You got on the bus without bags and I realized that they were in the trunk of the bus. And you gave me your bus ticket yourself. Do you remember?»

«I took the money from the bank and it's mine!» Jim cried, moving away from the bus, «Give me back at least half!»

«Your nervous cry is not as convincing as my smile. I will not give you the money, Jim. You're a man so you can rob another bank. But be careful with strange women. Forgive me and goodbye!»

«I will find you, Margaret! And then you'll be sorry for deceiving me!» Jim cried, but Margaret had hung up.

A few days have passed and Margaret called him again. She said that she was conscience-stricken and she wanted to give him back half the money. Besides, she liked Jim very much and she hoped to get to know him better. She set a meeting with him, and Jim came at the appointed time to the appointed place. But a several policemen waited for him instead of Margaret and the bags with money.

znaleźć złodzieja. Opowiedziała, jak początkowo umówiła się na randkę z Jimem, ale potem zobaczyła jego zdjęcie w wiadomościach. Była bardzo zawiedziona, że okazał się zbrodniarzem ... A ona nie miała innego wyboru, jak tylko zadzwonić na policję i powiedzieć im, gdzie i kiedy umówiła się ze złodziejem. Gdy Jim opowiedział Dawidowi swoją wersję zdarzeń, ten w zamyśleniu patrzył na niego przez dłuższy czas.

«Grożenie kobiecie jest bardzo ryzykowne,» powiedział w końcu do Jima, «Kobieta nigdy tego nie wybacza.»

«Tak, to prawda. Grożenie kobiecie jest bardziej niebezpieczne niż obrabowanie banku,» stwierdził nerwowo Jim.

At the police station Jim asked David if Margaret was arrested. David told Jim that a girl called the police. She said she knew how to find the robber. She set a date with Jim but suddenly she saw his picture in the news. She was very upset that he was a robber ... And she had no choice but to call the police and tell them when and where the robber would come. But when Jim told his story David thoughtfully stared at him for a long time.

«Threatening a woman is a very big risk,» he finally said to Jim, «Women do not forgive threats.»

«Yes. To threaten a woman is more dangerous than to rob a bank,» Jim said nervously.

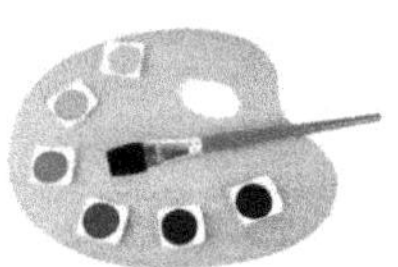

6

Piłka nożna

Ojciec Dawida, Christian, obchodzi w tę niedzielę swoje 50 urodziny. Jego żona, Linda, od samego rana była bardzo zdenerwowana. zaprosili oni na tę uroczystość wszystkich swoich krewnych i wielu przyjaciół, tak więc chciała, aby impreza się udała. Wieczorem ich dom wypełnił się gośćmi.

Christian wyszedł im na spotkanie ubrany w piękny biały garnitur z muszką.

«Christian, wyglądasz wspaniale!» - powiedziała jedna z jego siostrzenic. «Nie wyglądasz wcale na pięćdziesięciolatka,

Football

David's father Christian turns 50 years old this Sunday. His wife Linda has been very nervous since the very morning. She wanted the party to go well, as they invited all their relatives and many friends to the anniversary. In the evening their house was full of guests.

Christian met them dressed in a beautiful white costume with a bow tie.

«Christian, you look awesome!»- one of his nieces said. «You look not like a man of fifty but of thirty!»

«Come on! You're exaggerating!» -

raczej na trzydziestolatka!»

«Przestań! Przesadzasz!» - powiedział Christian, mimo że bardzo mu to pochlebiło. Christian został obdarowany wieloma różnymi prezentami. Impreza toczyła się bez zarzutów. Wszyscy świetnie się bawili. Gospodarze zapomnieli jednak o jednej rzeczy. Na uroczystości było wiele dzieci, ale dorośli nie zwracali na nich uwagi. Wszyscy goście jedli, wznosili toasty i gratulowali Christianowi. Nikt nie dbał o dzieci, które bawiły się same. Początkowo były trochę znudzone. Potem postanowiły zagrać w piłkę nożną.

«Możemy poprosić o piłkę?» jedno z dzieci zapytało Annę.

«David, gdzie możemy znaleźć piłkę dla dzieci?» zapytała męża.

«Zaraz poszukam!» obiecał David.

W tej chwili jednak jeden z gości zawołał go i Christian natychmiast zapomniał o piłce. Nagle jedno z dzieci zauważyło, że jedna z dużych butelek Coli spadła ze stołu.

«O! możemy użyć tego zamiast piłki!» wpadł na pomysł jeden z chłopców. Dzieciom się to bardzo spodobało. Wzięły butelkę i wyszły na podwórze. Podzieliły się na grupy i zaczęły grać w piłkę nożną za pomocą butelki z coca-colą. Bramki zrobiły z kamieni. Okazało się, że butelka nadawała się idealnie do gry w piłkę nożną. Grały

Christian said, although he was very pleased indeed. Christian was presented with many different gifts. The party was going great. Everybody was celebrating and having fun. But the hosts hadn't thought of one thing. There were many children at the celebration, but adults didn't pay attention to them. All the guests helped themselves to food, they made toasts, and congratulated Christian. Nobody took care of the children and they played on their own. At first, they were bored a little. Then they decided to play football.

«Give us a ball!» A child asked Anna.

«David, where can we find a ball for the children?» She asked her husband.

«I'll look for it!» David promised.

But at that moment one of the guests called him and he immediately forgot about the ball. Suddenly one of the children noticed that a big bottle of Coke fell off the table.

«Oh, let's use it instead of the ball!» One of the boys offered. The kids liked the idea. They took the bottle and went into the yard. There they divided into teams and started to play football with a bottle of Coke. They made the gates from stones. It turned out that the bottle was a great ball for playing football. They played for about five minutes. Then they

przez około pięć minut. Gdy im się już znudziło, dzieci wróciły do domu i dołączyły do gości. Dorośli byli w świetnych humorach. Wszyscy właśnie wstawali do zdjęcia grupowego. David grał rolę fotografa.

«Zbliżcie się do siebie! Jest was strasznie dużo!» Krzyknął do gości.

«Nigdy nie lubiłem być fotografem na urodzinach!» narzekał Christian, «Takie zdjęcia są zawsze nudne i wszystkie podobne do siebie.»

W tym momencie jedno z dzieci podeszło do Christiana i zapytało:

«Dziadku, chce mi się pić!» powiedział. Christian wziął butelkę ze stołu i otworzył ją. Nagle fontanna Coca-coli oblała wszystkich gości. Była to ta sama butelka Coca-Coli, którą dzieci grały w piłkę nożną. Biały garnitur Christiana i piękne suknie kobiet - wszystko zostało oblane coca-colą! Oczywiście, nikt się tego nie spodziewał. David był pierwszą osobą, która się odezwała.

«Świętnie!» powiedział. «Christian, stało się dokładnie to czego chciałeś! Tym razem twoje zdjęcia będą bardzo interesujące!»

got tired and returned to the house to all the guests. The adults were in high spirits. They had just gotten up to take a big group photo. David played the role of the photographer.

«Get closer to each other! You're a real crowd!» He shouted to the guests.

«I've always hated to be photographed at birthdays!» Christian grumbled, «These photos always turn out to be so boring and all alike.»

Then one of the kids came up to Christian and asked:

«Grandfather, I'm thirsty!» He said. Christian took the bottle from the table and opened it. And then a fountain Coke came down on everyone. It was the bottle of Coke that the children had been playing football with. Christian's white costume and women's beautiful dresses - everything was now covered with Coke! Of course, no one expected this. David was the first who came around.

«Oh, great!» He said. «Christian, everything happens as you'd wished! This time the photos will be unusual and not so boring!»

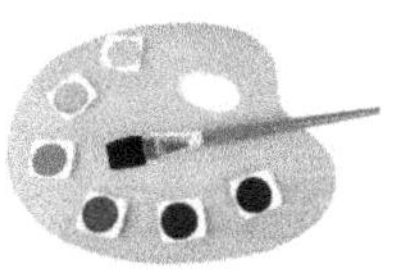

7

Pościg

Pewnego razu, kiedy David był na służbie, zadzwonił telefon. Dwóch podejrzanych mężczyzn stało przy zaparkowanym samochodzie na podwórku jednego z domów. Gdy tylko sąsiedzi ich zobaczyli, postanowili zadzwonić na policję. David i jego partner szybko zajechali na miejsce zdarzenia.

Noc była ciemna, a ulica pusta i słabo oświetlona, lecz policjanci szybko odnaleźli złodziei samochodu. Złodzieje natomiast równie szybko zauważyli policje. Rzeczą oczywistą było, że nie czekali oni, aż kajdanki zostaną zatrzaśnięte na ich rękach. Wyskoczyli natychmiast z samochodu i zaczęli uciekać przed policją. Policja

A pursuit

Once when David was on duty, he received a call. Two suspicious men stood near the car parked in the yard of one of the houses. The neighbors saw them and called the police. David and his partner quickly reported to the scene of the incident.

The night was dark and the street was deserted and poorly lit, but the police quickly found the car thieves. Yet the thieves noticed the Police immediately too. Naturally, the guys did not wait until the handcuffs were put on them. They left the car immediately and ran for life from the police. Of course, the police began to follow them and the

natychmiast pojechała za nimi i w ten sposób zaczął się pościg. Przestępcy wbiegli w wąski zaułek między domami. Nie zdołali wjechać za nimi samochodem, więc David i jego partner wysiedli i pobiegli za nimi. Podczas pościgu narobili dużo hałasu, przez co wszystkie psy w okolicy zaczęły szczekać. Głośne szczekanie zagłuszyło odgłosy kroków. Po kolejnym zakręcie policjanci uświadomili sobie, że zgubili przestępców!

«Co my teraz zrobimy?» powiedział jeden z policjantów ze złością. «Byli tuż przed nami! Nie mogli przecież uciec za daleko!»

David spojrzał na wysoki płot. Nagle jeden z przestępców przeskoczył ogrodzenie, a zaraz po nim pojawił się drugi.

«Poddajemy się!» powiedział jeden z nich.

Oboje byli przestraszeni. Po chwili zaskoczenia policjanci chętnie przyjęli ich ofertę.

«Zrobiliście dobrze decydując się oddać w ręce policji,» powiedział David zakładając im kajdanki na nadgarstki. «Przed chwilą jednak wasze plany były zupełnie inne. Dlaczego zmieniliście zdanie?» zapytał.

«Tam były dwa ogromne psy!» powiedział jeden ze złoczyńców. «Kiedy je zobaczyłem zrozumiałem, że sędzia będzie dla mnie zdecydowanie bardziej łaskawy niż

pursuit began. Criminals turned to the narrow passages between the houses. The car could not drive there and David and his partner started to run and pursue them. The pursuit produced a lot of noise, and because of that all the dogs in the neighborhood started barking. Loud barking drowned out the sound of footsteps. And after one of the turns the police suddenly understood that they had lost the criminals!

«What are we going to do?» one of the policemen said angrily. «They were right in front of us! They could have gotten far!»

David looked at the high fence. Suddenly one of the criminals jumped over the fence and then the second one did the same.

«We surrender!» One of them said.

They were both scared. After a moment of surprise, the policemen gladly accepted their offer.

«It is good that you decided to surrender to the police,» David noted while putting handcuffs on them. «But only a moment ago your plan was quite different. Why did it change?» He asked.

«There were two huge dogs!» One of the criminals said. «When I saw them, I realized that the judge will definitely be

one!»

«Nie skacz przez płot, jeśli nie wiesz, co się za nim znajduję,» powiedział David.

kinder to me than those two dogs!»

«You should not jump over the fence if you don't know what's behind it,» said David.

8

Zły horoskop

Siostra Roberta, Gaby, miała starszą teściową. Mieszkała ona z Gaby i jej mężem. Staruszka ta miała dwie pasje. Całkowicie ufała horoskopom i uwielbiała swoją kanapę. Otrzymała ją w prezencie ślubnym pięćdziesiąt lat temu. Staruszka miała wtedy jedynie 16 lat. Kanapa ta skrzypiała straszliwie i bez przerwy się załamywała. Oczywiście nikt nie lubił na niej siedzieć. Pewnego dnia Gaby i jej mąż postanowili przeprowadzić się do nowego domu. Gaby nie chciała jednak zabierać ze sobą tej ohydnej starej kanapy.

A bad horoscope

Robert's sister Gaby had an elderly mother-in-law. She lived with Gaby and her husband. And this grandmother had two passions. She totally believed in horoscopes and loved her old sofa. She was given this sofa as a gift fifty years ago on her wedding. The granny was 16 years old then. And now this old sofa creaked badly and broke down all the time. Of course, nobody liked it. And then Gaby and her husband decided to move to a new house. Gaby did not want to carry there this ugly old sofa.

«Nie da się nawet na niej usiąść!» Gaby próbowała przekonać teściową. «Kupimy ci nowa, wspaniałą kanapę zamiast tej!»

Staruszka jednak kategorycznie zabroniła jej pozbywania się kanapy.

«Nie! Nigdy! Zadzwonię do fachowca w poniedziałek,» powiedziała staruszka pośpiesznie, «i kanapa będzie jak nowa! Ludzie kiedyś potrafili tworzyć rzeczy naprawdę wysokiej jakości! Poza tym przeczytałam w dzisiejszym horoskopie, że absolutnie nie powinnam się niczego pozbywać.»

Gaby wpadła na pewien pomysł. Postanowiła zwalczyć jedną pasję staruszki za pomocą drugiej. Gaby miała przyjaciela, który pracował w gazecie. Była to ta sama gazeta, w której staruszka czytywała swoje horoskopy. Gaby namówiła przyjaciela, aby zmienił poniedziałkowy horoskop staruszki.

«Nie ma sprawy! Co chcesz, żebym napisał?» zapytał się Gaby. Ta miała już przygotowany nowy tekst.

«Dzisiejsze plany zawiodą. Zapomnij o wszystkich swoich zamiarach. Lepiej spraw komuś prezent. Pozbądź się niepotrzebnych rzeczy,» dyktowała Gaby.

Przyjaciel Gaby zapisał wszystko i obiecał, że opublikuje nowy tekst horoskopu.

Nadszedł poniedziałek. Staruszka jak

«One cannot even sit on it!» Gaby tried to persuade her mother-in-law. «Let's buy you a great new sofa instead!»

But the granny absolutely refused to throw it away.

«No! Never! I'll call the repairman this Monday,» the granny said resolutely, «and the sofa will be as good as new. People could do things of such high quality back then! And it was written in today's horoscope that I should not throw away anything.»

Then an idea occurred to Gaby. She decided to combat one of her mother-in-law's passions with another. Gaby had a friend who worked in the newspaper. Her granny bought that newspaper with the horoscopes. Gaby persuaded her friend to change her granny's horoscope for Monday.

«All right! So, what should we write then?» He asked Gaby. Gaby has already thought out a text.

«Today's plan will fail. Forget about your today's intentions! It is better to make a gift to anyone. Throw away unnecessary things,» Gaby dictated.

Her friend wrote everything down and promised to publish the text.

Monday came. Granny read her

zwykle przeczytała swój horoskop w gazecie. Tym razem trochę ją zastanowił. Gaby zauważyła to szykując się do wyjścia do pracy. Miała wielką nadzieję, że to zadziała.

Wieczorem Gaby z mężem wrócili do domu pełni nadziei. Byłoby cudownie, gdyby starej połamanej kanapy już tam nie było! W domu zastali jednak i kanapę i bardzo oburzoną staruszkę.

«Co się stało? Czemu jesteś taka zła?» spytał mąż Gaby.

«Otóż dziś rano kupiłam bilet na loterii,» zaczęła opowiadać. «Ale potem przeczytałam mój dzisiejszy horoskop. Było w nim napisane, że dziś nie jest mój szczęśliwy dzień, więc oddałam bilet sąsiadce. I pomyśl tylko – ona właśnie wygrała pięćdziesiąt tysięcy!» powiedziała staruszka załamana.

Gaby z mężem spojrzeli na siebie zaskoczeni i sfrustrowani. Ale mieliśmy pecha z tym horoskopem!

«Nie martwcie się,» powiedziała staruszka. «Już kupiłam kolejny bilet. A przy okazji fachowiec naprawił kanapę. Teraz jestem gotowa do przeprowadzki.»

horoscope in the newspaper as usual. And it puzzled her a little bit. Gaby noticed it when she was preparing to go for work. She hoped very much that this would work.

In the evening Gaby and her husband came home feeling hopeful. It would be great if the old broken sofa finally disappeared! They came home and saw the old sofa and a very upset granny.

«What happened? Why are you so sad?» Gaby's husband asked the granny.

«You see, this morning I bought a lottery ticket,» she said. «But then I read the horoscope for today. It said that it was an unfortunate day, and I gave the lottery ticket to our neighbor. And just think of it - she just won fifty thousand!» The granny said.

Gaby and her husband looked at each other with surprise and frustration. We were so unlucky with this horoscope!

«Do not worry so much,» the granny told them. «I already bought another ticket. And by the way the repairman fixed my sofa. Now I'm ready to move.»

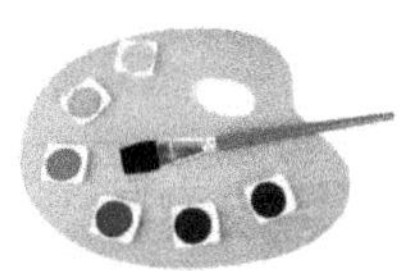

9

Bardzo pilny telefon

Pewnego razu Robert z Davidem prowadzili śledztwo w sprawie kradzieży. Starszy pan, właściciel domu, opowiedział im co się wydarzyło. Jakiś mężczyzna zapukał do drzwi i zapytał, czy może wykonać jeden telefon. Powiedział, że musi pilnie zadzwonić na numer miejscowy, a jego telefon komórkowy miał rozładowaną baterię. Właściciel był wtedy w dobrym humorze i pozwolił mężczyźnie wejść do mieszkania. Nieproszony gość wszedł do pokoju i złapał za telefon. Rozejrzał się do dokoła, upewniając się, że nikogo innego nie było w

A very urgent call

Once Robert and David came to investigate a robbery case. The elderly owner of the house told them what had happened. Some man knocked on the door and asked the owner for permission to call. He said that he needed to make a very urgent call to a local number and his mobile phone had a very low battery. The owner was in a good humor and let him into the house. The uninvited guest entered the room and grabbed the phone. He looked around and made sure that there was no

domu. Zrozumiał, że staruszek był zupełnie bezbronny.

«Przynieś mi tutaj wszystkie drogocenne rzeczy!» powiedział do niego.

Właściciel jednak nie był tchórzem. Czarna lufa pistoletu była już wycelowana w złodzieja!

«Wynocha z mojego domu!» krzyknął właściciel.

Rabuś musiał uciekać w pośpiechu. Policja przyjechała w ciągu dziesięciu minut, ale nie było już po nim ani śladu.

«Czy zadzwonił pan na policję z tego samego telefonu, którego użył złodziej?» zapytał David.

«Tak,» potwierdził właściciel mieszkania.

«Więc odciski palców zostały najprawdopodobniej zatarte,» stwierdził David. «Cóż, spróbujemy go znaleźć. Proszę go szczegółowo opisać, a my spiszemy raport.»

Nagle zadzwonił telefon. Właściciel wymienił spojrzenie z policjantem i odebrał. Była to nieznajoma, młoda kobieta.

«Dzień dobry,» powiedziała uprzejmie. «Czy może pan poprosić Charliego do telefonu? Dzwonił do mnie ostatnio z tego numeru.»

Właściciel dzwonił dzisiaj tylko i wyłącznie na policję. Oznacza to, że do tej

one else in the house. He decided that the old owner was harmless.

«Bring here everything valuable!» he told him.

But the owner was not a coward. The black barrel of a gun was already pointed at the robber!

«Get out of my house now!» the owner said.

The robber had to leave very quickly. The police came in just ten minutes but, of course, he was already gone.

«Did you call the police from the phone which was used by the robber?» - David asked the owner.

«Yes, I did,» he confirmed.

«So, the fingerprints are probably gone,» David assumed. «Well, we'll try to find him. Describe him in details again, and we'll write everything into the report.»

Suddenly the telephone rang. The owner exchanged glances with the police and picked it up. It was an unknown young woman.

«Good morning,» she said politely. «Can you call Charlie to the phone? He called me from this number recently.»

Today the owner of the house called only the police. It means that the robber

kobiety musiał zadzwonić złodziej! Robert od razu zrozumiał co to oznacza! Zapisał szybko numer telefonu i już w ciągu kilku minut udało im się ustalić adres kobiety, pod który udał się natychmiastowo. Podejrzenie Roberta potwierdziło się. Znalazł pod nim również złodzieja! Wyszło na to, że wchodząc do domu staruszka, nie mógł on wpaść na lepszy pomysł niż zadzwonić do swojej własnej żony! Ten błąd kosztował go utracenie wolności. Dawid ze swoimi partnerami natychmiastowo aresztowali pechowego złodzieja.

called this woman! Robert immediately understood what it all meant! He quickly wrote down the number and in a few minutes they determined the woman's address and went there. Robert's guess was confirmed. The robber was there! It turns out that having entered the house he could not invent something better than to call his own wife! And this mistake cost him his freedom. David and his team immediately arrested the unfortunate robber.

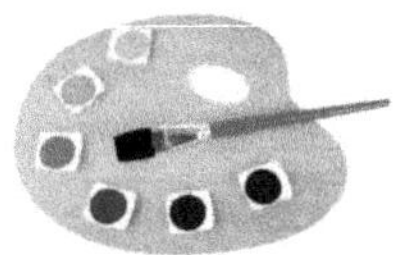

10

Gość ie

Ostatnimi czasy David zaprzyjaźnił się z jednym ze swoich kolegów z pracy. Miał na imię Tom. Tom był starszym oficerem, mieli oni jednak z Davidem wiele wspólnych zainteresowań. Pewnego dnia David zaprosił Toma do siebie. Żona Davida, Anna, kupiła przepyszne ciasto czekoladowe. Dzwonek zadzwonił o wyznaczonej godzinie. Przyszedł Tom. David otworzył mu drzwi i zaprosił go do środka. Za nim wszedł do domu wielki włochaty pies.

David pogłaskał go i pies wszedł do pokoju. David, Anna i Tom rozsiedli się w

The guests

Recently David became friends with one of his colleagues. The colleague's name was Tom. Tom was a senior officer, but he had a lot of common interests with David. Once David invited Tom to his place. David's wife Anne bought a delicious chocolate cake. And at the appointed time the doorbell rang. It was Tom. David opened the door and invited him in. A huge shaggy dog entered the house with Tom.

David petted his head and the dog entered the room. David, Anne and Tom

pokoju gościnnym, a pies poszedł się przespacerować po innych pokojach. Rozmawiali o pracy. Na początku dyskutowali na temat pewnych problemów. Potem przeszli na temat planów wakacyjnych. Wieczór przebiegał w miłej atmosferze.

«A tak przy okazji, szef naszego oddziału uwielbia grać w piłkę nożną,» powiedział Tom. «Podczas ostatniego weekendu grałem razem z nim.»

«Naprawdę? Nie wiedziałem o tym,» powiedział David.

«Może chciałbyś zagrać z nami?» zasugerował Tom.

«Tak, byłoby świetnie! Nie grałem w piłkę nożną od dłuższego czasu. Aczkolwiek brałem udział w meczach w szkole średniej,» opowiadał David.

Nagle straszliwy hałas dobiegł kuchni.

«Pójdę sprawdzić co się stało,» powiedział David.

Wszedł do kuchni i zobaczył okropną scenę. Firanka była zerwana. To ona narobiła tyle hałasu. W tym samym momencie ujrzał włochatego psa obgryzającego krzesło. Trzeba przyznać, że pies wykonał kawał niezłej roboty. Resztki czekoladowego ciasta znajdowały się na podłodze. Musiało mu smakować, bo pożarł je w całości!

sat down in the living room and the dog went for a walk through other rooms. They talked about work. At the beginning they talked about problems at work. Then they started talking about plans for the holiday. The evening was going great.

«By the way, the head of our department loves football,» Tom said. «Last weekend we played football together.»

«Really? I did not know,» David said.

«Maybe you want to play with us?» Tom suggested.

«Yes, it would be great. I have not played football for a long time. Though I took part in football matches at high school,» David said.

Suddenly a terrible noise was heard from the kitchen.

«I'll go there and look what is the matter,» David said.

He came into the kitchen and saw a terrible scene there. The curtain was torn off. It was the curtain what produced so much noise. The huge shaggy dog was tearing a chair at this very moment! And it should be mentioned that the dog was doing a great job. The remains of the chocolate cake were on the floor. The dog probably liked the cake because it ate all of it!

David był pod wrażeniem sceny, którą zobaczył. Po paru minutach wrócił do siebie. Nie wiedział co miał zrobić, w końcu Tom dopiero co go zaprosił na mecz piłki nożnej z szefem jego oddziału. David pracował w policji od niedawna i bardzo chciał zostać członkiem policyjnej rodziny. Chciał również nawiązać odpowiednie znajomości. Dlaczego miałby teraz narzekać na zachowanie psa? David stwierdził, że to nie najlepsza pora, aby to zrobić. Wrócił do pokoju gościnnego.

«Co tam się wydarzyło?» spytał Tom.

«Wszystko w porządku,» odpowiedział David. «Nic ważnego.»

Z kuchni dobiegł ich cichy szmer. David wiedział, że pies kontynuował obgryzanie krzeseł.

Tom był gotowy, aby wracać do domu. W momencie, gdy się ubierał, pies biegał dookoła domu. Po jakimś czasie stłukł on doniczkę w pokoju gościnnym i zrobił w ten sposób kałużę na dywanie. Tom spojrzał na niego ze spokojem nie wypowiadając ani słowa. David pragnął, aby gość już sobie poszedł. Pożegnał się pospiesznie z Tomem. Nagle zauważył, że Tom nie przywołał do siebie psa.

«Nie zapomnij zabrać ze sobą psa,» przypomniał David.

David was stunned by the scene he saw. In a few minutes he came to. At that moment he did not know what to do, since Tom had just invited him to play football with the head of their department. David worked in the police not so long time, and, of course, he wanted to become part of the police family. Yes, and he also wanted to make a useful acquaintance. Why should he complain of the behavior of the dog then? David decided that it was the wrong time to do so. He returned to the living room.

«What happened there?» Tom asked.

«Everything is fine,» David replied. «Never mind.»

A quiet rustling could be heard from the kitchen. David understood that the dog continued to tear the chairs.

Finally, Tom was ready to go home. The dog was running around the house while he was dressing in the hallway. In the end it broke the flowerpots in the living room and made a pool on the carpet. Tom looked at it calmly and said nothing. David wanted the guests to leave sooner. He quickly said goodbye to Tom. Suddenly he saw that Tom did not call the dog with him.

«Do not forget to take your dog,» David said.

Tom spojrzał na niego zaskoczony.

«Ja myślałem, że to twój pies,» odrzekł Tom.

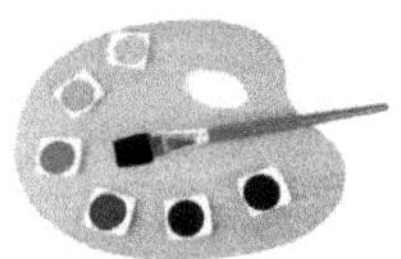

Tom looked at him in a surprise.

«I thought it was your dog,» he said.

Niefortunny rabunek

Larry był gotowy do napadu na sklep. Wybrał odpowiednią porę – tuż przed zamknięciem. W tym czasie nie powinno być już nikogo w środku, natomiast całodniowy obrót będzie jeszcze w kasach. Larry był przekonany, że młoda asystentka będzie na tyle przerażona, że natychmiast wyda mu wszystkie pieniądze. Rozumie się, że nie ma żadnych powodów, aby grać wielką bohaterkę. Ostatnio widział ją, jak spotkała się z nowym kontrahentem. Poza tym obroty w sklepie zawsze były dobre. W

An unfortunate robbery

Larry prepared to rob a store. He chose an appropriate time - the time right before the closing. At that time there were no visitors at the shop and the daily revenue was still in the cash register. Larry figured that a young saleswoman would be scared at once and would give him all the money. And, of course, she had no reason to demonstrate stupid heroism. Recently she met a new suitor. And the revenue in the store is always good. During the last few days he often

ciągu ostatnich kilku dni bardzo często go obserwował. Nie mógł myśleć o niczym innym jak o rabunku. Lubił śledzić w głowie wszystkie drobne szczegóły. Był pewien, że zaplanował wszystko doskonale.

W ustalonym dniu Larry wszedł do sklepu. Podszedł do sprzedawczyni i przywitał ją uprzejmie. Uśmiechnęła się do niego i zapytała w czym może mu służyć. Poprosił ją, aby pokazała mu model małego odkurzacza. Asystentka przyniosła odkurzacz i zaczęła opisywać Larry'emu wszystkie jego zalety. Larry rozejrzał się dookoła i zbliżył się do niej. Sprzedawczyni z wielkim zaangażowanie opisywała mu sprzęt. Wszystko szło zgodnie z tym, co sobie zaplanował. Wspaniale!

«Ręce do góry, to jest napad!» Larry wykrzyknął to długo ćwiczone zdanie i pokazał sprzedawczyni nóż.

«Włóż wszystkie pieniądze do torby! Szybko!» Rozkazał jej. Dziewczyna w szoku wypuściła z rąk odkurzacz. Upadł na stopę Larry'ego, a on usiadł na ziemi i jęknął.

Oczywiście sprzedawczyni w sekundzie wybiegła ze sklepu wołając o pomoc. Larry podniósł się pojękując i z trudem udał się w stronę drugiego wyjścia. Gdy przyjechała policja i dwoje funkcjonariuszy weszło do sklepu, Larry'ego już tam nie było. Jednym z policjantów był David. Zasugerował

surveilled the shop. He did not think about anything except the robbery. He liked to think over all the details. He thought that he planned everything perfectly.

On the appointed day Larry entered the store. He came up to the saleswoman and greeted her politely. She smiled at him and asked how she could help him. He asked her to show him a small vacuum cleaner. The saleswoman took a vacuum cleaner and began to describe its qualities to Larry. Larry looked around the room and came closer to the saleswoman. She heartily described him the vacuum cleaner. Everything was going exactly as he had imagined! It was wonderful.

«Hands up, this is a robbery!» Larry shouted the phrase which he prepared long before and showed a knife to the saleswoman.

«Put the money into the bag quickly!» He commanded to her. She dropped the vacuum cleaner in surprise. It fell on Larry's foot and he sat down on the floor and groaned.

Of course, the saleswoman immediately ran out of the store and began calling for help. Larry got up with a groan and walked with difficulty to another exit from the store. When the police arrived and two police officers entered the store Larry was gone. David was one of the policemen. He suggested to

swojemu partnerowi, aby wyszli ze sklepu i przeszukali parking. Wyszli na zewnątrz, aby sprawdzić okolicę, ale nikogo tam nie było. Policjanci podeszli do auta. Nagle w samochodzie włączył się alarm. Zatrzymali się i spojrzeli po sobie. To nie oni spowodowali włączenie się alarmu. Podążyli za sygnałem alarmu aż dotarli do drzew znajdujących się w pobliżu parkingu. David rozejrzał się, ale nikogo nie zauważył.

«Czy już pora wstawać?» Zapytał partner Davida patrząc w górę. David podążył wzrokiem w tym samym kierunku i ujrzał Larry'ego siedzącego na gałęzi.

«Nie, pora nakarmić rybkę,» odpowiedział Larry, «mam akwarium w domu,» powiedział z uśmiechem. Policjanci się rozpromienili.

«Lepiej zejdź na dół. Twoje rybki długo będą na ciebie czekać,» David odpowiedział mu również uśmiechem.

Złodziej zeskoczył z drzewa z pojękiwaniem i wtedy policjanci uświadomili sobie, że miał stłuczoną stopę. Założyli mu kajdanki i pomogli mu dotrzeć do radiowozu.

«Świetna robota!» powiedział David do swojego partnera. «Jestem pewien, że wszystkie gazety opiszą ten napad. Taki pech nie zdarza się co dzień!»

«Pewnie, że nie!» odpowiedział

his partner that they go out and search the parking lot. They went out and examined the area around the store, but nobody was there. The policemen came up to their car. At that moment an electronic alarm rang out. The policemen stopped and looked at each other. The signal was not produced by them. They went toward the sound and came up to the trees near the parking lot. David looked around, but nobody was there.

«Well, is it time to wake up?» David's colleague asked looking upwards. David looked up and saw Larry sitting on a tree branch.

«No. It's time to feed the fish,» Larry replied, «I have an aquarium with fish at home,» he added with a smile. The policemen cheered up.

«Come down. Your fish will wait for you for a long time now,» David smiled back.

The robber jumped down to the ground with a groan and the policemen saw that he had a foot injury. They handcuffed him and helped him to get to the police car.

«Well done!» David said to his partner. «I bet that all the newspapers will write about this robbery. Such nonsense does not happen every day!»

«Yeah, of course!» another police

policjant. «Facet postanowił obrabować
sklep, a dostał odkurzaczem w nogę!
Idealny pech!»

officer agreed. «The guy decided to rob a
store and got a vacuum cleaner dropped
on his foot. That's perfect misfortune!»

Wypchane zwierzę

Niedaleko domu Leny i Roberta znajdował się przecudny park. Był naprawdę uroczy, a Lena uwielbiała po nim spacerować. Kilka razy przechadzała się po nim nawet rankiem przed pójściem do pracy. Pewnego zimowego dnia znalazła tam zamarzniętą wiewiórkę. Postanowiła zanieść ją swojemu przyjacielowi, który zajmował się wypychaniem zwierząt przeznaczonych dla muzeum. Lena chciała, aby wypchał dla niej tę wiewiórkę. Zabrała zwierzątko do domu i

A stuffed animal

There was a lovely park near Lena and Robert's house. It was very beautiful and Lena loved to walk there. Sometimes she even went there for a walk before work in the morning. Once in winter she found there a frozen squirrel. Lena decided to give it to a friend. He made stuffed animals for a museum. Lena wanted him to make a stuffed squirrel. She took the squirrel home and put it into a box from a cake.

włożyła je do pudełka po cieście. Potem szybko się przyszykowała i poszła do pracy.

Parę godzin później Robert zadzwonił do Leny. Był w podróży służbowej i wrócił dopiero dzisiaj popołudniu.

«Jak się czujesz?» zapytał Lenę przez telefon.

«Wspaniale. A o co chodzi?» odpowiedziała Lena. «Dlaczego się pytasz?»

«Myślę, że za dużo ostatnio pracujesz,» powiedział Robert. «Pomyślałem, że przydałby ci się odpoczynek.»

«Ale ze mną wszystko w porządku kochanie!» powtórzyła Lena.

«Czy nie byłaś przypadkiem na jakimś przyjęciu wczoraj?» zapytał Robert.

«Nie, przecież ci mówiłam, że byłam w domu,» odpowiedziała. «Czemu zadajesz mi te wszystkie dziwne pytania?»

«Wolałbym jednak, żebyś natychmiast wróciła do domu,» nalegał Robert. «Wydaje mi się, że coś złego mogło ci się przytrafić.»

«Ale ja ci mówię, że wszystko jest w porządku!» - wyjaśniała Lena. Zaczynała tracić cierpliwość. Robert jednak nalegał. Prosił ją, aby jak najszybciej wróciła do domu. Lena się zdenerwowała. Lecz nagle uświadomiła sobie, że głos Roberta był bardzo dziwny. Zaczęła się poważnie martwić, co się wydarzyło i postanowiła wrócić do domu wcześniej.

Then she prepared herself quickly and left for work.

A few hours later Robert called Lena. He was on a business trip and came back home only in the afternoon.

«How are you feeling?» he asked Lena by phone.

«Excellent. And what is the matter?» Lena answered. «Why did you ask that?»

«I guess you worked too much lately,» Robert replied. «I thought that you need some rest.»

«I'm all right, dear,» Lena repeated.

«Maybe you were at the party yesterday?» Robert asked.

«No, I was at home. I told you,» Lena said. «Why do you ask such strange questions?»

«Still, you better come home right now,» Robert insisted. «It seemed to me that something bad happened to you.»

«I told you that everything is fine» - Lena explained. She began to lose her temper. But Robert kept on insisting. He thought that she had to come home right at that time. Lena got angry at first. But then she realized that Robert had a very strange voice. Lena began to worry and decided to go home earlier.

Gdy tylko weszła do przedpokoju uświadomiła sobie dlaczego Robert był taki przerażony. W momencie kiedy wiewiórka wyskoczyła za drzwi, Lena uzmysłowiła sobie co się stało.

Okazało się, że wiewiórka była żywa. Było po prostu strasznie zimno. Gdy tylko przyniosła ją do domu, zwierzątko ożywiło się w przypływie ciepła. Wiewiórka znalazła na stole stertę naleśników, które Lena usmażyła dla Roberta, i rozwiesiła je po całym domu, żeby się suszyły. Dokładnie to samo robią z grzybami, rozwieszając je na gałęziach drzew. Naleśniki znajdowały się w całym domu: na kanapie, na wieszaku w przedpokoju, na krzesłach. Kiedy Robert wrócił do domu, przestraszona wiewiórka schowała się. Robert zobaczył tylko dom pokryty naleśnikami. A na stole znalazł wiadomość od Leny: «Kochanie, to dla ciebie.»

As soon as she entered the hall she realized why Robert was so worried. When a squirrel jumped out of the door Lena realized what had happened.

It turned out that the squirrel was alive. It was just very cold. But when Lena brought it into the house, it came to life with the warmth. It found a pile of pancakes on the table which Lena had baked for Robert. And the squirrel hung all these pancakes to dry around the house. It did it just like it hung mushrooms on the tree branches. Now the pancakes were hanging everywhere: on the sofa, on the rack in the hall, on the chairs. When Robert came home the squirrel became frightened and hid. Robert saw that everything in the house was covered with pancakes. And there was a note on the table from Lena: «Honey, this is for you.»

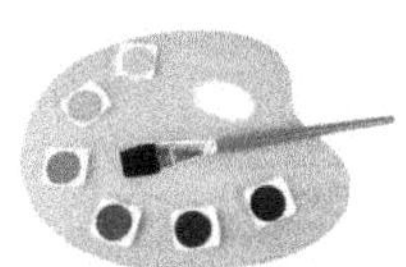

Świetna impreza

Późną nocą na posterunek policji została przywieziona bardzo pijana dziewczyna, Laura Brown.

Została zatrzymana za jazdę pod wpływem alkoholu. Ledwo umiała utrzymać się na nogach. David przeraził się na myśl o tym w jaki sposób prowadziła samochód, będąc w takim stanie.

«Prawdopodobnie miałaś duże szczęście, że cię zatrzymano,» powiedział do Laury.

An amazing party

Late at night a very drunk girl, Laura Brown, was brought to the police station. She was detained for drunk driving. She could barely stand on her own feet. David was terrified when he imagined how she was driving in such state.

«Perhaps you are lucky that you were detained,» he said to Laura. «Because something much worse could

«Mogło ci się przytrafić coś o wiele gorszego.»

«Nie mogło,» odpowiedziała zirytowana.

Była w bardzo złym humorze. Z pewnością nie miała zamiaru spędzić nocy na posterunku policji. Ranek zbliżał się szybko a z nim pojawił się ból głowy. Laura zadzwoniła do swojej przyjaciółki Kate i poprosiła, aby wpłaciła za nią kaucję. Kate się zgodziła.

«Wpadnij przy okazji do apteki, proszę cię,» powiedziała Laura. «Po tych koktajlach mam straszliwy ból głowy.»

«Wszystko w porządku?» Spytał David jak tylko odwiesiła słuchawkę.

«Tak, tak, wszystko OK» potwierdziła Laura. «Za niedługo powinna przyjść moja przyjaciółka, żeby zapłacić kaucję i zabrać mnie do domu.»

«Dobrze jest mieć tak życzliwych przyjaciół,» powiedział David. «Nie każdy byłby w stanie jechać na posterunek policji, będąc obudzonym w środku nocy.»

«Ależ ja jej nie obudziłam. Dlaczego pan tak myśli?» Laura była zaskoczona. «Obie byłyśmy na tej świetnej imprezie. Kate dopiero co wróciła do domu, tylko że w taksówce.»

«Na świetnej imprezie?» David zamyślił się. Zdawał się być przejęty tym faktem, aczkolwiek nie mógł zdać sobie sprawy

have happened.»

«It could not,» she replied irritably.

She was in a bad mood. Of course, Laura did not want to spend the whole night at the police station. The morning was coming soon and she began to have a headache. Laura called her friend Kate and asked her to come and post bail for her. Kate agreed.

«And drop by a pharmacy on your way, please,» Laura told her. «I have a terrible headache after these cocktails.»

«Well, is everything all right?» David asked her when Laura hung up the phone.

«Yes, everything is Okay,» Laura said. «My friend will soon come with the bail and I will go back home.»

«It's great to have such good friends,» David said. «Not everyone is ready to get up and to go to the police when he is awakened in the middle of the night.»

«I did not wake her up. Why do you think so?» Laura was surprised. «We were both with her at that amazing party. Kate had just returned home too, though she took a cab.»

«At the amazing party?» David said thoughtfully. He became concerned about that fact, although he did not

dlaczego.

Wkrótce jednak czujność Davida się sprawdziła. W ciągu kwadransa Kate dotarła na posterunek policji. Była pijana w takim samym stopniu jak Laura, ale tym razem nie przyjechała taksówką. Została przywieziona wozem policyjnym. Laura nie mogła w to uwierzyć, jak ujrzała Kate, którą prowadzono przez korytarz i zamknięto w celi obok.

«Twoja przyjaciółka wzięła pełną paczkę lekarstw z apteki, tylko że «zapomniała» za nie zapłacić» - wyjaśnił policjant. «No i wylądowała tutaj!»

«Prosiłaś przecież, żeby wpaść do apteki,» powiedziała Kate ledwo trzymając się na nogach.

«O nie,» zasmuciła się Laura. «Musimy tu teraz siedzieć aż do rana. A ja mam taki straszliwy ból głowy.»

«Możesz spróbować zadzwonić do kogoś, żeby wyciągnął cię za kaucją» poradził David. «Tylko pomyśl o kimś, kogo nie było na tej świetnej imprezie!»

understand why.

Yet soon he found that his alertness was not vain. In a quarter of an hour Kate arrived at the Police station. She was drunk to the same extent as her friend Laura, but she did not come by taxi. She was brought in a police car! Laura watched in amazement when the policemen led Kate through the hall and then placed her in another cell.

«Your friend took a full package of medicine from the pharmacy, but she «forgot» to pay for it»- the policeman explained to her. «And here she is now!'

«Well, you asked to drop by the pharmacy,» Kate said, barely able to stand.

«Oh, no,» Laura said sadly. «So, we must sit here until morning. And I also have this horrible headache.»

«Try to call someone else for the bail,» David advised them. «But pick someone who has not been with you at that awesome party!»

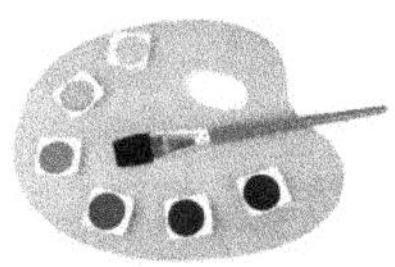

Tajemniczy głos	**A mysterious voice**

Dzieci bawiły się na dworze przez całe lato, czasem wchodziły nawet do starych stajni. Nikt ich już od dawna nie używał. Dorośli chodzili tam bardzo rzadko. Właśnie dlatego dzieciaki tak bardzo lubiły to miejsce. Któregoś dnia jednak usłyszały cichy głos, dochodzący z jeden ze stajni. Gdy tylko podeszły bliżej, wszystko ucichło. Zapukały do drzwi. Odpowiedział im stary ochrypły głos:

«Przynieście mi guziki! Szybko!» ktoś krzyknął.

Przerażone dzieci uciekły jak

The children played outside all summer, and sometimes they went to some old barns. Almost no one used these old bars. The adults were there very seldom. That is why the children liked the place very much. But once they heard a quiet voice from one of the barns. They came closer and this voice faded away. Then they knocked on the door. And immediately they heard a hoarse elderly voice:

«Bring the buttons! Faster!» The voice shouted.

The children were very frightened

najszybciej. Nie chciały się dłużej bawić. Nie czuły się bezpiecznie.

«Nie zanieśliśmy mu guzików,» powiedział jeden z chłopców swojemu przyjacielowi. «A jeśli coś nam się stanie?» zapytał. Nikt nie był mu w stanie odpowiedzieć. Wszyscy się bali.

Zbliżał się wieczór, a dzieci bały się jeszcze bardziej. Postanowiły zanieść guziki do stajni. Nie odważyły się jednak zapukać ponownie. Wsunęły guziki przez szparę pod drzwiami, ale głos się nie uspokoił.

«Chcę więcej guzików!» krzyczał zza drzwi. «Przynieście mi guziki! Ruszajcie się, szybciej!»

Brzmiało to bardzo groźnie. Dzieci przynosiły mu guziki, ale to nic nie pomogło. Głos stawał się coraz bardziej złowieszczy i wciąż domagał się więcej guzików.

«Co my teraz zrobimy? Nie mamy już więcej guzików,» szeptały dzieci. «Skąd my je weźmiemy?»

Wtedy jeden z dzieciaków wpadł na pomysł, że poszuka guzików w pudełku z nićmi od swojej mamy, został jednak przez nią przyłapany.

«Proszę, proszę» powiedziała. «Co tu się dzieje?»

Chłopiec musiał opowiedzieć mamie całą historię o tajemniczym głosie i

and ran away. But they could not play anymore. They did not feel safe.

«We did not bring him the buttons,» one boy said to his friends. «What if something happens to us?» He asked. No one answered. Everyone was scared.

The evening was approaching and they were even more scared. The children decided to bring buttons to the barn. They did not dare to knock again. They just shoved the buttons into the crack under the door of the barn, but the voice did not calm down.

«I want more buttons!» He shouted through the door. «Bring the buttons! And do it faster!»

He sounded very ominous. The children brought buttons again and again but it did not help. The voice became more frightening and it demanded buttons again.

«But what should we do? We have no more buttons,» children were whispered. «Where can we find them?»

Then one of the kids decided to go home and search for buttons in his mother's sewing box, but his mother saw him doing this.

«Well,» she said. «What is going on here?»

The boy had to tell his mom about the voice and the buttons. Frowning, his mom

guzikach. Marszcząc brwi, jego mama poszła do sąsiadki, która była właścicielką owej stajni. Była nią Anna, żona Davida. Kilka minut później, Anna i mama chłopca poszły razem z innymi dziećmi do tajemniczej stajni. Dzieci zapukały do drzwi i znów usłyszały przerażający głos:

«Chcę więcej guzików!»

«Nie ma się czego bać,» uspokoiła ich Anna i otworzyła drzwi.

Zapaliła światło i oczom wszystkich ukazała się wielka, piękna papuga!

«Nigdy nie lubiła siedzieć zamknięta w klatce i zawsze fruwała po całym domu,» wyjaśniła Anna, «ale teraz muszę się zaopiekować kotem przez parę dni. Moja przyjaciółka wyjechała na jakiś czas i poprosiła mnie o zajęcie się jej kotem, tak więc musiałam zostawić papugę tutaj,» powiedziała Anna.

Zaskoczone dzieci spoglądały na papugę. Nie mogły uwierzyć, że zdołała ich tak przestraszyć!

«Lubi bawić się guzikami» powiedziała Anna z uśmiechem na twarzy. «Także sprawiliście jej wielką przyjemność!»

«Przynieście mi guziki! Szybko!» zaskrzeczała papuga, wpatrując się w dzieci.

went to the neighbor who owned the barn. This neighbor was David's wife Anna. A few minutes later Anna, the boy's mother and the other children went to the mysterious barn. Children knocked on the door and the terrible old voice was heard again:

«I want more buttons!»

«There is nothing terrible,» Anna said and opened the door of the shed.

She turned on the light and everyone saw there a huge beautiful parrot!

«It never liked to sit in a cage and it was always flying around the apartment,» Anna explained, «and I was given a cat for two days. My friend left for some time and asked me to take care of the cat, so I had to bring the parrot here for a while,» Anna said.

The children looked at the parrot with surprise. Can it be true that it could scare them so much!

«By the way, he likes to play with buttons» Anna said with a smile. «So you brought them here for a good reason!»

«Bring the buttons! Faster!» The parrot shouted again, looking at the children.

Dziwna grupa	**A strange group**

Pewnego razu David był na nocnym patrolu ze swoim partnerem. Tej nocy odbywał się mecz piłki nożnej, nie była to więc spokojna noc. Mimo tego, że nic nadzwyczajnego do tej pory się nie wydarzyło, policjanci byli czujni. Jak tylko David zobaczył grupę pijanych facetów, od razu zareagował. Było ich około piętnastu i robili oni straszny hałas. David postanowił ich zatrzymać.

«Jest środek nocy,» powiedział, «powinniście zachować spokój o tej porze,

Once David was on night duty with his partner. A football match was held that night, so the night was not very quiet. Although nothing unusual happened, the police were vigilant. David became immediately alert when he saw a group of drunken guys. There were about fifteen guys and they were very noisy. David stopped them.

«It's the dead of night already,» he told them, «and you should be quiet in a residential area in the middle of the

jesteście w dzielnicy mieszkaniowej.»

«W porządku, będziemy cicho,» odpowiedział mu pospiesznie jeden z mężczyzn. «Impreza nam się tak udała, że straciliśmy poczucie czasu.»

Cała reszta wybuchła śmiechem i pokiwała głowami. Wyglądało na to, że impreza naprawdę się udała, a nawet lepiej.

David postanowił jednak sprawdzić ich dokumenty. Pierwszy mężczyzna był w porządku. Drugi, również bez zarzutów, z wyjątkiem jednego drobnego szczegółu. Jego imię i nazwisko było identyczne z imieniem i nazwiskiem pierwszego mężczyzny!

David spojrzał na nich zdezorientowany. Nie wyglądali wcale na spokrewnionych. Zaczął sprawdzać dokumenty całej reszty i popadał w coraz większe zdziwienie. Sprawdził trzeciego, czwartego, piątego mężczyznę i wszędzie widział to samo. Piętnastu mężczyzn o takim samym imieniu i nazwisku. David był zszokowany. Pijani faceci chichotali po cichu i trącali się łokciami. W tym momencie David spoważniał. Wyglądało to na fałszerstwo dokumentów. Był gotów dzwonić po posiłki, ale w tej samej chwili jeden z nich zatrzymał go.

«Wydaje mi się, że jest pan bardzo zaskoczony naszymi dokumentami, prawda?» zapytał.

«To nic wielkiego. Moja praca polega na

night,» David said.

«Okay, we'll be quiet,» one guy from the group replied. «The party went so well that we forgot what time it is.»

The rest of them laughed loudly and nodded. It seemed that the party went really well and even more than that.

David decided to check their documents. He checked the first guy's documents and everything was fine. He checked the second guy's documents and everything was fine too, except one detail. The name and the surname of the second guy was exactly the same as the first guy's!

David looked at them in confusion. They did not look like relatives at all. He began to check the rest guys' documents and they surprised him even more. He checked the third, the fourth, the fifth documents and it was the same story. All fifteen people had the same name and the same surname! David was in shock. Drunken guys giggled silently and nudged each other with their elbows. At that moment David decided that it was serious. It looked like a forgery of documents! And he was already about to call for backup but at that moment one of the guys stopped him.

«It seems to us that you are surprised at our documents, aren't you?» He said.

«It's no big deal. It is my job to deal

zmaganiu się z rożnymi dziwnymi sytuacjami» odpowiedział David. «A teraz musimy rozwikłać tę sprawę.»

Faceci znowu się zaśmiali.

«Widzi pan,» zaczął jeden z nich, «chodzi o to, że założyliśmy klub współimienników. Właśnie wracaliśmy z naszego spotkania. No i spotkaliśmy pana. Wszystkie dokumenty są prawdziwe!» wytłumaczył.

David uświadomił sobie, że nie miał żadnego powodu, aby dzwonić po pomoc. Życzył im dobrej nocy i upomniał raz jeszcze, żeby nie robili za dużo hałasu! Jeden z mężczyzn dał mu swoją wizytówkę.

«Może pan już kiedyś spotkał jakiegoś naszego współimiennika?» zapytał. «Przyjmujemy wszystkich do naszego klubu. Pod warunkiem, że mają ważne dokumenty!»

with all sorts of surprising things.» David said. «And now we have to figure that out.»

The guys laughed again.

«Do you see,» one of them said, «the fact is that we created the club of namesakes. And now we are just going from a meeting of the club. And here we met you. So, all the documents are real!» He explained.

David realized that he has no need to call the backup. He wished them good night and asked to be quiet one more time. One guy from the group handed him his business card.

«Maybe you've met someone else with the same name?» He asked. «We initiate to our club all the namesakes. But only with real documents!»

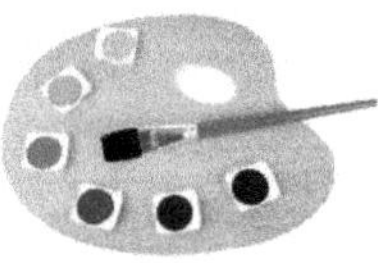

16

Eksperyment naukowy

Lena uwielbiała zwierzęta. Interesowało ją wszystko to, co było z nimi związane. Pewnego razu Robert postanowił sprawić swojej żonie miłą niespodziankę. Wyświadczył on kiedyś dużą przysługę zawodową jednemu z profesorów biologii. Profesor ten studiował zachowanie małp. Robert poprosił go, aby pozwolił Lenie być obecną podczas jednego z eksperymentów.

Oczywiście Lena oniemiała z radości.

A science experiment

Lena loved animals very much. She was interested in everything that concerned them. Once Robert decided to make his wife a pleasant surprise. He rendered one professor of biology a great service concerning his work. This professor studied the behavior of monkeys. And Robert arranged that he allow Lena to visit one of his experiments.

Marzyła o tym, żeby móc obejrzeć na żywo jeden z takich eksperymentów. W wyznaczonym dniu spotkała się z profesorem na uniwersytecie. Profesor przywitał ją bardzo serdecznie.

«Przygotowałem całą serię eksperymentów,» powiedział. «Dziś zobaczy pani pierwszy z nich,» zakomunikował Lenie.

«Jestem panu taka wdzięczna!» odpowiedziała Lena. «Jest to dla mnie bardzo interesujące!»

Celem eksperymentu była obserwacja zachowania szympansów w odmiennych sytuacjach. Wszystko odbywało się w wyizolowanym, czystym pomieszczeniu. Znajdowało się tam mnóstwo zabawek: lalki, piłki, samochodziki, podnośniki, wypchane pluszaki. Profesor wprowadził szympansa do pomieszczenia i zamknął drzwi.

«Mam zamiar sprawdzić, jak będzie się zachowywał w samotności,» wyjaśnił profesor Lenie. «Zamknąłem drzwi specjalnie. Szympans nie powinien wiedzieć, że jest obserwowany. W takim wypadku jego zachowanie będzie bardziej naturalne.»

«Jak pan myśli, którą zabawkę weźmie jako pierwszą?» wyszeptała Lena po chwili.

«Zaraz się dowiemy,» odpowiedział profesor.

Pochylił się powoli i spojrzał przez specjalne okienko w drzwiach. W tej samej

Of course, Lena was overjoyed! She dreamed to be present at a real scientific experiment with monkeys. On the appointed day she met with the professor at the university. The professor greeted her in a friendly way.

«I planned a whole series of experiments,» he said. «And you came to the very first,» he told Lena.

«I am so grateful to you!» Lena answered. «I'm awfully interested!»

The aim of the experiment was to study the behavior of chimpanzees in different circumstances. The experiment took place in an isolated clean room. There were a lot of different toys: dolls, balls, toy cars, erector sets, stuffed toys. The professor brought the chimpanzee into the room and closed the door.

«I want to study how it will behave in a solitude,» the professor explained to Lena. «I closed the door intentionally. The chimpanzee does not have to know that it is being watched. In this case its behavior will be natural.»

«How do you think what toy he will take the first?» Lena whispered after a while.

«We'll see now,» the professor said.

He quietly leaned and looked into a special window in the door. But in a

chwili jednak wyprostował się, a na jego twarzy widać było oszołomienie.

«O co chodzi?» spytała Lena.

«Niech pani sama zobaczy,» odpowiedział profesor.

Lena schyliła się do okienka i zobaczyła wielkie brązowe oko szympansa, które się w nią wpatrywało. Szympans po prostu z zaciekawieniem obserwował ich zachowanie.

moment he straightened up and his face was bewildered.

«What is it?» Lena asked.

«Look for yourself,» the professor told her.

Lena leaned to the window in the door and saw that the chimpanzee's brown eye was looking at her from there. It watched with interest what the people were doing there.

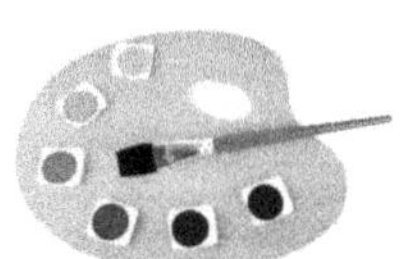

17

Nieprzewidywalny szczegół

Kiedy Vincent i Julia byli bliscy obrabowania sklepu, ich plan był przygotowany w najdrobniejszych szczegółach. Byli małżeństwem od ponad siedmiu lat i mogli naprawdę na sobie polegać w każdej sytuacji. Ich plan był prosty i oboje byli pewni, że wszystko pójdzie pomyślnie. Vincent miał zrabować po cichu wszystko to, co wcześniej uzgodnili. Zadaniem Julii było krycie go. Miała obserwować strażników i rozpraszać ich. Zadecydowali, że w przypadku zagrożenia Julia po prostu ... się rozbierze.

W międzyczasie Vincent zdoła wymsknąć się po cichu ze sklepu ze zrabowanymi rzeczami.

An unforeseeable detail

When Vincent and Julia were about to rob a store, they had a good plan. They had been married for more than seven years and that is why they relied upon each other in everything. The plan was simple and they thought that it would surely work. Vincent had to rob and quietly steal everything that they had agreed upon. Julia's responsibilities were to cover for him. She had to watch the guards and distract them. They thought and decided that in a case of danger Julia would ... undress. Meanwhile Vincent could calmly sneak out of the store with the stolen goods.

On the day of the robbery, Vincent tried to dress as unnoticeably as

W dniu kradzieży, Vincent starał się ubrać jak najzwyczajniej, lecz Julii nie dało się nie zauważyć. Wyglądała olśniewająco. Nie weszli do sklepu razem, lecz w odstępie pięciu minut. W ten sposób nikt nie podejrzewał, że są razem.

Na początku wszystko szło dobrze. Julia przechadzała się po sklepie bez pośpiechu, udawając, że usiłuje coś wybrać, w międzyczasie jednak, kątem oka obserwowała ochroniarzy, jak również poczynania Vincenta. Wszystko szło perfekcyjnie.

Przypadkowo Robert znajdował się w tym samym sklepie. Przyszedł kupić prezent dla swojej żony. Jego uwagę przyciągnęła jednak dość niecodzienna scena. W momencie gdy ochroniarze robili obchód i skierowali się w stronę drugiego końca sklepu, piękna kobieta w czerwieni zaczęła się powoli rozbierać. Ochroniarze znieruchomieli na widok takiej niespodzianki. Nawet Robert skamieniał z powodu jej bezwstydnego zachowania. Przez jakiś czas wszyscy tylko patrzyli, jak rozwinie się sytuacja. Nagle jednak, jeden ze strażników otrząsnął się.

«Niech pani posłucha,» wymamrotał, «jest pani w miejscu publicznym. To jest zabronione.»

Kobieta jednak nie chciała się tłumaczyć i nie wypowiedziała ani słowa. Uśmiechnęła

possible, but it was hard not to notice Julia. She looked charming! They entered the shop not together but at a five-minute interval, so no one could think that they are together.

At the beginning everything was going well. Julia leisurely walked around the store pretending that she was just choosing what she wanted, and out of the corner of her eye she watched the guards and looked quietly at what Vincent was doing. Everything was going perfectly.

By chance Robert came to the same store too. He came to buy a gift for his wife. His attention was attracted by an unusual scene. When the guards were on their rounds and went to the other end of the store a beautiful woman in red suddenly began to undress slowly. The guards froze because of such a surprise. Robert froze also looking at her brazen behavior. For a moment they were just looking at what was happening. Then one of the guards came to his senses.

«Well, listen,» he mumbled. «You are in a public place. It is forbidden.»

But the woman did not explain anything and did not say a word. She smiled silently and continued to

się w ciszy i kontynuowała ściąganie ubrań. Ochroniarze kompletnie zapomnieli co powinni w takiej sytuacji zrobić. Byli dosyć zdezorientowani.

«Proszę pani, proszę się ubrać,» próbowali ją przekonać. «W przeciwnym razie będziemy musieli...» zaczął jeden z ochroniarzy. Mówił jednak w sposób bardzo niezdecydowany.

«Nie widzisz, że pani jest gorąco,» przerwał mu drugi. «Śmiało, proszę się czuć swobodnie,» dodał zwracając się do kobiety.

Wszyscy byli tak zaabsorbowani tą sytuacja, że nikt nie zauważył Vincenta. A on w międzyczasie dotarł już do drzwi i po cichu wynosił wszystko to co mu było potrzebne ze sklepu. Do pełnego sukcesu brakowało mu kilka kroków. Niestety wtedy Vincent popełnił błąd i obejrzał się na swoją żonę. Był zszokowany jej przedstawieniem. Jego żona stała na środku sklepu, prawie całkowicie naga, otoczona ochroniarzami i klientami, z których większość to byli mężczyźni. Vincent nie mógł tego znieść! Rzucił wszystko na ziemię i niesiony zazdrością pospieszył w kierunku swojej żony, aby nakryć ją swoją kurtką. Hałas spowodowany przez rzeczy, które upadły na podłogę, przyciągnęły uwagę strażników. Robert również zorientował się, co się działo. Małżonkowie zostali natychmiast aresztowanie, jeszcze przed przyjazdem policji.

undress. The guards have completely forgotten what they were about to do. They were confused.

«Please, get dressed,» they tried to persuade her. «Or we'll have to...» One of the guards said. But he spoke a little bit irresolutely.

«Don't you see that the woman feels hot,» another guard interrupted him. «Go ahead and make yourself comfortable,» he added, addressing the woman.

They were all so absorbed with what was happening that no one noticed Vincent. And at the same time, he was already at the door and quietly carried out all the things he needed from the store. Just a few steps were left for him to succeed. But then Vincent made a mistake - he looked back at his wife. And he was shocked with the performance! His wife was standing in the middle of the store almost naked and she was surrounded by security guards and other visitors, most of whom were men. Vincent could not stand it! He threw all the stolen things on the floor because of his jealousy and rushed to his wife to fling his jacket on her. The noise produced by the stolen things fallen to the floor made the guards come to their senses. Robert immediately realized what was happening. They immediately arrested both spouses before the arrival of the police.

18

Przesądy

Z wiekiem teściowa Gaby stawała się coraz bardziej przesądna. Staruszka wierzyła w horoskopy od dawna i wszyscy się już do tego przyzwyczaili. Potem jednak zaczęła wierzyć, że czarny kot przynosi pecha, że nie można stłuc lustra i tak dalej. Od czasu do czasu odwiedzała swoją przyjaciółkę, która przewidywała przyszłość z kart. Oczywiście staruszka wierzyła we wszystko to, co wróżka jej mówiła, nawet jeśli nie miało to żadnego sensu.

Pewnego dnia, zadzwonił dzwonek do drzwi, mimo że nikogo się nie spodziewano. Rankiem teściowa Gaby zostawała sama w

Superstitions

With age, Gaby's mother-in-law became more and more superstitious. The granny has believed in horoscopes for a long time already and everyone was used to it. But then she began to believe that black cats bring misfortune, that one cannot break the mirror and so on. Sometimes she visited her friend who told fortune by reading cards. And of course, the old woman believed everything that the fortuneteller told her even if it was absolute nonsense.

Then one morning someone rang the doorbell, even though no one was

domu. Otworzyła drzwi i ujrzała stojącą na progu okropną, pomarszczoną kobietę. Wyglądała ona jak prawdziwa wiedźma.

«Czego pani chce?» spytała teściowa.

«Musi pani dokonać darowizny, w przeciwnym razie to, co wydarzyło się w Hamptonville, wydarzy się również tutaj!» powiedziała kobieta złowieszczym głosem. «A zdarzyły się tam rzeczy straszne,» pogroziła.

Jej siwe włosy zafalowały na skutek lekkiego powiewu. Przerażona teściowa dała jej natychmiast pieniądze. Odetchnęła z ulgą, gdy nieproszony gość wreszcie sobie poszedł. Następnego ranka jednak wydarzyło się dokładnie to samo.

«Proszę posłuchać,» zmarszczyła się teściowa. «Przyszła tu już pani wczoraj. Wystarczy pani.»

Wyglądało jednak na to, że kobieta nie usłyszała. Patrzyła przed siebie bez mrugania oczami i wyglądała naprawdę przerażająco.

«Proszę dać pieniądze biednej kobiecie. W przeciwnym razie to, co wydarzyło się w Hamptonville, wydarzy się również tutaj!» zagroziła.

Teściowa się zdenerwowała i dała jej pieniądze kolejny raz. Ciągnęło się to przez kolejnych kilka dni. Nagle jednak Gaby przeziębiła się i została w domu z teściową.

expected to come. In the morning Gaby's mother-in-low stayed home alone. She opened the door and saw a horrible, ragged old woman on the threshold. She looked like a real witch.

«What do you need?» Asked Gaby's mother-in-law.

«Make a donation, otherwise the thing that happened in Hamptonville will happen here!» - the old woman said with ominous voice. «And something terrible happened there,» she added threateningly.

Her gray hair waved in the breeze. The mother-in-law was scared and gave her some money. She felt relieved when uninvited guest left. But the next morning the same thing happened again.

«Listen,» the mother-in-law frowned. «You came here yesterday. It's enough.»

But it seemed that the woman heard nothing. She looked straight ahead with unblinking eyes and looked very scary.

«Donate to the poor. Otherwise, the thing that happened in Hamptonville will happen here!» She said ominously.

The mother-in-law was nervous and gave her money again. This continued for several days. But suddenly Gaby caught a cold and stayed at home with her mother-in-law. Gaby was very surprised

Gaby była bardzo zaskoczona, gdy wczesnym rankiem usłyszała dzwonek do drzwi. Była jednak jeszcze bardziej zaskoczona gdy usłyszała rozmowę między teściową i wiedźmą.

«Ah, to znowu pani,» powiedziała bezsilnie teściowa.

«Przyszłam po darowiznę. Proszę mi dać jakieś pieniądze. W przeciwnym razie to, co wydarzyło się w Hamptonville, wydarzy się również tutaj» zagroziła staruszka.

Teściowa była dość podenerwowana, lecz sięgnęła po swój portfel. Gaby wcale się to nie podobało!

«Proszę chwilę zaczekać,» przerwała Gaby staruszce. «Co takiego wydarzyło się w Hamptonville?»

Kobieta westchnęła.

«Oh, okropna, straszna rzecz się tam wydarzyła! Nikt mi nie dał pieniędzy w Hamptonville.»

to hear the doorbell ring in the morning. But she was even more surprised when she heard the dialogue between her mother-in-law and the witch.

«Oh, it's you again,» the mother-in-law said helplessly.

«I came for the donation. Give me some money. Otherwise the thing that happened in Hemptonville will happen here,» the old woman said in a threatening voice.

The mother-in-law was nervous again and reached out for her wallet. Of course, Gaby did not like that all!

«Wait a minute,» Gaby told the old woman. «What happened in Hamptonville?»

The old woman sighed.

«Oh, a terrible, horrible thing happened there! They gave me nothing in Hamptonville.»

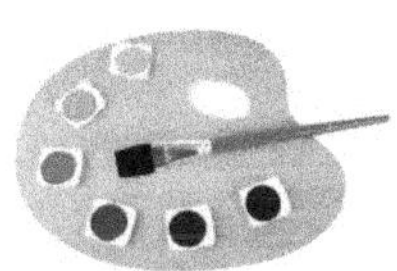

Dobrzy sąsiedzi

Pewnego dnia policjanci odebrali dość nietypową skargę. Kobieta była przekonana, że jej sąsiad założył podsłuch na jej telefon domowy. Zażądała, aby natychmiast to sprawdzili.

David poszedł do domu kobiety, aby zweryfikować o co chodziło.

Kobieta była bardzo szczęśliwa, że przyszedł. Od razu zaczęła narzekać.

«Nie mogę już tego dłużej znieść!» powiedziała z oburzeniem. «Dlaczego jestem dla niego taka interesująca? On podsłuchuje wszystkie moje rozmowy!»

Good neighbors

One day the police received a not very common complaint. The woman claimed that her neighbor wiretapped her home phone. She demanded to take measures immediately.

David went to her place to find out what was really going on.

The woman was very happy that he came. She began to complain to him immediately.

«I can't stand it anymore!» she said indignantly. «Why am I so interesting for him? He listens in to all my phone calls!»

«Czemu jest pani tego taka pewna?» zapytał David. «Może to tylko pani wyobraźnia?»

«O nie!» odpowiedziała. «Po pierwsze wie on wszystko o moich sprawach prywatnych. I to o takich sprawach, o których nieznajomy nie powinien nic wiedzieć. Ale to nie wszystko! Czasem nawet słyszę jak chichocze po cichu.»

«Ale skąd pani wie, że to on?» spytał David zdumiony. «Może to ktoś inny chichocze?»

«Nie, znam doskonale jego chichot. Proszę mi wierzyć,» zapewniła kobieta. «Nikt nie ma tak obrzydliwego śmiechu jak on. Tolerowałam to przez długi czas, ale teraz już mam dość! Musicie go aresztować,» powiedziała do Davida.

David zamyślił się przez chwilę.

«Dobrze, widzę, że to poważna sprawa. Wygląda na to, że ma pani rację,» powiedział. «Będę musiał zadzwonić bo wsparcie. Mogę użyć pani telefonu?»

«Oczywiście, proszę,» odpowiedziała kobieta.

David wykręcił numer posterunku policji.

«Halo, Harry? Przyślij mi tu jednostkę SWAT,» powiedział David. «Wygląda na to, że ta kobieta ma rację. Sąsiad założył jej podsłuch. Musimy to sprawdzić. Powiedziała,

«Why are you so sure about this?» David asked. «Maybe it's just your imagination?

«Oh no!» she said. «First, he is always aware about all my affairs. And it is often so that a stranger could not know about these affairs. But more than that! Sometimes I can even hear him giggling softly.»

«But why do you think it's him?» David was surprised. «Maybe it's someone else giggling?»

«No, I know his giggle. Believe me,» the woman said confidently. «No one has such a nasty giggle except him. I tolerated it for a long time, but now it's enough! You must arrest him,» she told David.

David thought for a moment.

«Yes, I see that it is a serious matter. It looks like you are right,» he said. «I will have to call back up. Can I use your phone?»

«Yes, sure, please,» the woman said.

David dialed the police station.

«Hello, Harry? Send to me the SWAT team,» David said. «It looks like this woman is right. The neighbor wiretaps her phone. We must take measures. She says she recognized him by his nasty giggling in the telephone receiver. We'll

że rozpoznaje go po jego obrzydliwym chichotaniu, które słyszy w słuchawce. Będziemy musieli aresztować łajdaka. Dobrze, będziemy czekać!» Powiedział David i odłożył słuchawkę.

«Aresztujecie go?» Zapytała kobieta z nadzieją w głosie.

«Myślę, że tak. Wsparcie jest już w drodze,» potwierdził David.

Po kilku minutach zadzwonił dzwonek do drzwi.

«Możliwym jest, że już przyjechali?» kobieta zdziwiła się i poszła otworzyć drzwi.

Ale to nie była policja. Na progu stał jej sąsiad. Był cały czerwony z oburzenia.

«Proszę posłuchać! Jestem uczciwym człowiekiem!» powiedział bez przywitania się. «Ta kobieta kłamie! Jak pani mogła pomyśleć, że panią podsłuchuję! A moje chichotanie nie jest obrzydliwe, zrozumiano? Ja w ogóle nie chichoczę!» krzyknął.

«Zapewne nie,» zgodził się David. «Rzeczywiście, kiedy podsłuchiwał pan moją rozmowę z posterunkiem policji, nie słyszałem, żeby pan chichotał,» powiedział David z uśmiechem na twarzy.

have to arrest the villain. Okay, we are waiting!» David said and hung up.

«Are you going to arrest him?» The woman asked hopefully.

«I think so. The backup is on its way,» David confirmed.

Just a few minutes later the doorbell rang.

«Could they have come so quickly,» the woman was surprised and went to open the door.

But it was not the police. Her neighbor stood on the threshold. He was all red with indignation.

«Listen, I'm an honest man!» he said without even saying hello. «This woman is just lying! How could you think about such a thing - that I wiretap your conversations? And my giggling is not nasty, is that clear? I do not giggle at all!» he shouted.

«Yes, probably,» David agreed with him. «In any case, when you taped my conversation with the police station, it seems that you didn't giggle,» David said with a smile.

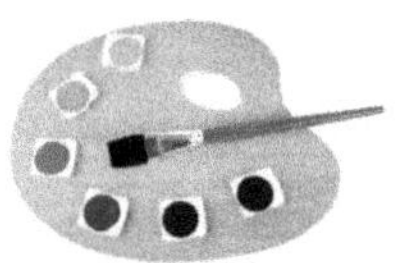

20

Niespokojny pacjent

Kiedy Christian miał problemy ze zdrowiem, David znalazł dobrą klinikę, która zajęłaby się jego ojcem. Christian musiał spędzić tam kilka dni. Razem z nim na oddziale położono pewnego starszego mężczyznę. Miał już ponad 90 lat. Nie wstawał on prawie w ogóle z łóżka i miał problemy z pamięcią. Staruszek był bardzo uprzejmy i często się uśmiechał. Christian jednak nie czuł się zbyt dobrze, dlatego też prawie w ogóle z nim nie rozmawiał.

Wieczorem staruszek zaczął się nudzić. Nacisnął przycisk przywołujący

A restless patient

When Christian had some health problems, David found a good health clinic for his father. It happened so that Christian had to spend a few days there. One old man was put in the ward with him. He was already more than 90 years old. He almost didn't get up from bed and he had some problems with his memory. Granddad was friendly and smiled a lot. But Christian did not feel well and that is why he almost did not speak with him.

In the evening the grandfather felt bored. He pushed the call button and the

pielęgniarkę. Poprosił, aby przyniesiono mu trochę wody. Pielęgniarka spełniła jego prośbę. Podziękował jej serdecznie, a ona wróciła do swojej dyżurki. Ale w ciągu niecałych pięciu minut staruszek nacisnął znowu przycisk. Pielęgniarka przyszła do pokoju. Popatrzył na nią przez chwilę, nie mówiąc ani słowa.

«Więc jaką mamy dziś pogodę?» zapytał wreszcie. «Czyż nie jest gorąco?»

«Nie, nie jest,» odrzekła pielęgniarka, «pogoda jest wspaniała.»

«I nie ma wiatru?» spytał staruszek.

«Tylko delikatny wietrzyk. W prognozie pogody nie zapowiadali deszczu na dzisiaj,» powiedziała.

Porozmawiali przez chwilę o pogodzie i pielęgniarka sobie poszła. Po kilku minutach staruszek znowu po nią zawołał. Christian był zdenerwowany, że ktoś ciągle przychodzi na salę. Nie pozwalało mu to usnąć.

«Potrzebuje pan czegoś?» spytała pielęgniarka.

«Nie» odpowiedział. «Niczego nie potrzebuję. Wie pani, jutro moja wnuczka przyjdzie mnie odwiedzić. Ona jest taka mądra!» Opowiadał tak o swojej wnuczce przez kolejnych pięć minut.

Pielęgniarka grzecznościowo podtrzymywała konwersację, jednak

nurse came. Granddad asked to give him some water. The nurse agreed to his request. He thanked her warmly and she returned to her post. But in less than five minutes the granddad pushed the call button again. The nurse came again. Grandpa looked at her for a moment without saying anything.

«Well, how is the weather now?» He finally asked. «Isn't it hot?»

«No, it's not,» the nurse replied, «the weather is great.»

«And there is no wind?» the granddad asked.

«The wind is very weak. The rain was not in forecast for today,» the nurse said.

They talked a little bit about the weather and she left. A few minutes later the granddad called her again. Christian was annoyed that somebody was walking into the ward all the time. It didn't let him sleep.

«Do you need something?» the nurse asked the granddad.

«No,» he said. «I don't need anything. You know, tomorrow my granddaughter will come to visit me. She is so clever!» And he talked about his granddaughter for about five minutes.

The nurse politely kept up the conversation but after all she said that she

potem powiedziała, że musi wrócić na swoje stanowisko. Inni pacjenci mogą jej potrzebować.

Jednak po dziesięciu minutach staruszek znów wcisnął przycisk i pielęgniarka przyszła na salę. Zapytał ją, jakie są godziny odwiedzin w klinice. Pielęgniarka wyjaśniła mu wszystko w szczegółach. Podziękował jej a ona odeszła. Po pewnym czasie znów ją zawołał.

«Czy znów pan czegoś potrzebuje?» spytała.

Staruszek pomyślał przez chwilę.

«Nie, niczego» powiedział. «Proszę mi tylko powiedzieć jedną rzecz. Nacisnąłem ten przycisk już kilka razy. Ale, do czego on właściwie służy?»

had to get back to her post. Because the other patients might need her.

But in ten minutes the granddad pushed the call button again and the nurse came again. The granddad asked her when visitation was allowed in the clinic. The nurse explained everything in detail. He thanked her and she left. But soon he called her again.

«Do you need something again?» the nurse asked.

The granddad thought for a while.

«No, nothing,» he said. «And by the way, tell me. I pushed this button several times. And what is it for?»

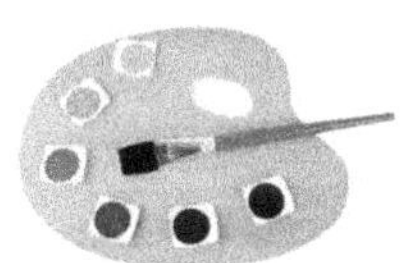

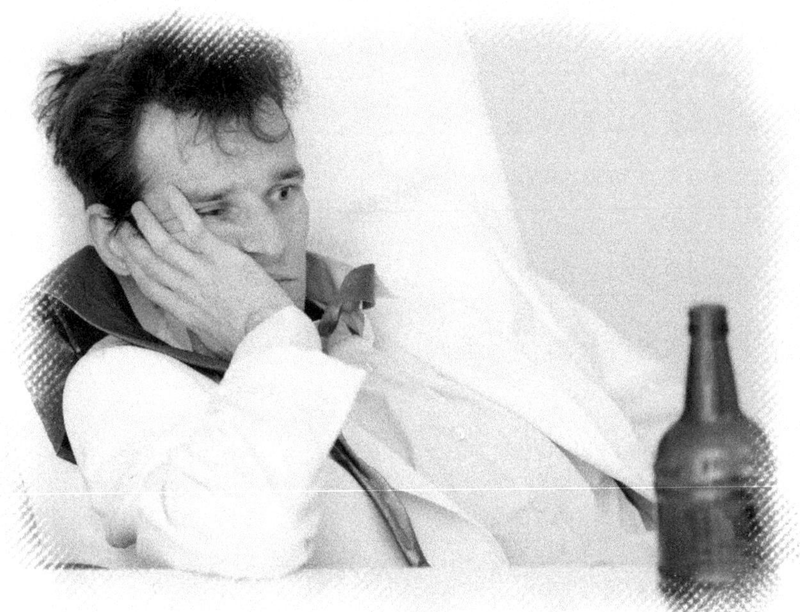

21

Wypadek na jeziorze

Pewnego dnia w pracy David musiał przeprowadzić śledztwo dość tajemniczego wypadku na jeziorze. Dlatego też zadzwonił on do Roberta i poprosił, aby udał się razem z nim. Robert zgodził się na to.

Czekał na nich przy jeziorze bardzo zdenerwowany mężczyzna. Wyjaśnił im, że razem z żoną wypłynęli łódką na jezioro. Nagle jego żona wypadła za burtę i utonęła.

«Zadzwoniłem natychmiast na policję,» powiedział.

Był tak roztrzęsiony, że z ledwością potrafił ustać na nogach. Napił się łyka

An incident by the lake

During one of David's shifts he had to investigate a mysterious case by the lake. That is why David called Robert and asked him to go with him. Robert agreed.

A very upset man was waiting for them near the lake. He explained that he and his wife went boating on the lake. Suddenly his wife fell overboard and drowned.

«I called the police immediately,» he said.

He was so upset that he could hardly stand on his feet. He took a gulp of

brandy z piersiówki w ramach uspokojenia nerwów.

«Utonęła, a pan od razu do nas zadzwonił?» spytał David.

«Dokładnie tak było,» przytaknął mężczyzna.

«I nawet nie próbował pan jej ratować?» dopytywał się David.

«Nie umiem pływać,» odpowiedział mężczyzna i zaczął płakać. Jego ból wydawał się szczery.

David spojrzał na łódkę i jezioro z pewną wątpliwością. Nie było ono zbyt głębokie, wystarczająco jednak, aby utonąć.

«Wydaje się dziwne, że wypadła za burtę,» powiedział Robert. «Proszę nam opowiedzieć w szczegółach, jak to się wydarzyło.»

Mężczyzna wzruszył ramionami.

«Sam nie wiem. Wiosłowałem, a ona po prostu wypadła za burtę. I utonęła. To takie okropne!» powiedział i znów się rozpłakał.

W tym momencie zadzwonił jego telefon. Nieszczęśliwy mężczyzna szukał go przez długi czas po wszystkich kieszeniach, ale nie pamiętał, gdzie go włożył. W końcu go znalazł i popatrzył na ekran telefonu z tępym wyrazem twarzy. Robert podszedł, aby zobaczyć kto do niego dzwonił. Był to numer jego żony!

David wziął od niego telefon i

brandy from a flask to come to senses.

«She drowned and you called us immediately?» David asked.

«Yes, that's how it was,» the man said.

«And you did not even try to rescue her?» David asked.

«I cannot swim,» the man said and began to cry. His grief seemed sincere.

David looked doubtfully at the boat and at the lake. It was not too deep though it was deep enough to drown.

«It is very strange that she fell overboard,» Robert said. «Tell us in detail how this happened.»

The man shrugged his shoulders.

«I do not know. I was rowing and she fell overboard. And drowned. It's so awful!» He said and began to cry again.

At this moment the man's phone rang. The unhappy man looked for it in all his pockets for a long time and could not remember where it was. Finally, he found it and stared at the screen with a dull expression. Robert came closer to see who it was. His wife was calling!

David took his phone and said that he would answer. The man was

powiedział, że sam odbierze. Mężczyzna był kompletnie oszołomiony. David przedstawił się i zapytał kto mówi.

«O Boże!» kobieta w telefonie płakała. «Jestem żoną Alexa. Czy jest pan z policji? Co mu się stało? Czy on żyje?»

«Owszem, żyje,» potwierdził David. «Nie był on jednak pewny, czy pani żyje.»

«Co pan chce przez to powiedzieć?» kobieta była zaskoczona. «Nie rozumiem, o co panu chodzi. Alex wyszedł z domu popołudniu. Powiedział, że idzie popływać łódką po jeziorze. Jest już noc, a on nie wrócił do domu. Zaczęłam się martwić! Więc co mu się stało?» spytała.

«Wygląda na to, że wycieczka się udała,» powiedział David spoglądając na mężczyznę, który wypił kolejnego łyka brandy z piersiówki. David uświadomił sobie nagle, że powodem braku równowagi Aleksa nie była żałoba. On był po prostu pijany! David się zastanawiał, jak mogli tego nie zauważyć.

«Proszę go przywieźć do domu!» poprosiła kobieta.

«Alkoholizm i nieuzasadnione wezwanie policji. Obawiam się, że póki co możemy go zawieźć tylko do celi,» odpowiedział David.

completely confused. David introduced himself and asked who was calling.

«Oh, God!» The woman on the phone cried. «I am Alex's wife. So, are you from the police? What happened to him? Is he alive?»

«Yes, he is alive,» David said. «But he is not sure about you.»

«What do you mean?» the woman was surprised. «I do not understand you. Alex left this afternoon. He said that he would go boating on the lake. It's night already and he is not home yet. I began to worry already! So, what happened to him?» she asked.

«It seems that his boating trip went well,» David said looking at the man. He took a gulp of brandy from a flask again. David suddenly realized that this Alex could hardly stand not because of grief. He was just blind drunk! David could only wonder how they hadn't noticed it at the beginning.

«Please send him home!» The woman asked.

«Alcoholism and an unnecessary call for the police. I'm afraid that we have to put him in a cell for now,» David said.

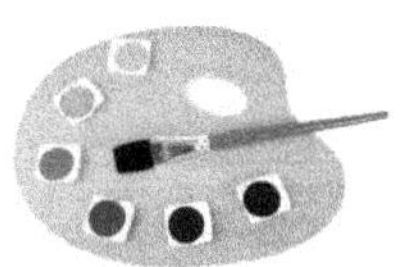

Kawowa gwarancja	**A coffee guarantee**

Robert został przypisany do prowadzenia bardzo ciekawego śledztwa. Musiał on przesłuchać kilku świadków. Pierwszy na liście był George, który pracował w obsłudze technicznej. W rozmowie przez telefon powiedział on Robertowi, że jest gotów odpowiedzieć na jego pytania i poprosił go, aby przyjechał do jego miejsca pracy. Aby nie tracić czasu, Robert pojechał do niego jeszcze tego samego dnia. George poczęstował go kawą i przygotował się do udzielania odpowiedzi.

«Proszę mi powiedzieć,» zaczął Robert.

Robert was assigned the investigation of one interesting case. He had to question some witnesses. George who was the first on the list worked in technical support. Over the phone he said that he was ready to answer Robert's questions and asked Robert to come to his workplace. In order not to lose time Robert came to see him the same day. George treated him to coffee and prepared to respond.

«Tell me,» Robert began.

W tej samej chwili jednak zadzwonił telefon. George odebrał i słuchał tego, co mówiła osoba na drugim końcu linii.

«Przepraszam, muszę porozmawiać z klientką,» powiedział do Roberta po minucie. «Nasi kierownicy nie potrafili odpowiedzieć na jej pytania. Muszę przeprowadzić tę rozmowę.»

Robert stwierdził, że zaczeka. Telefon miał włączoną funkcję głośnomówiącą, więc Robert słyszał dokładnie to, co mówiła klientka.

«Widzi pan,» mówiła kobieta, «w moim komputerze zepsuł się stojak na kawę. A ponieważ komputer jest nadal na gwarancji, to chciałabym go za darmo wymienić na nowy.»

«Hm, stojak na kawę?» odpowiedział George zaskoczony. «Nie pamiętam takiego modelu. Jest pani pewna, że kupiła pani komputer ze stojakiem na kawę w naszym sklepie?»

«Oczywiście, że tak,» powiedziała. «Mam na to wszystkie dokumenty.»

«To bardzo interesujące,» zamyślił się George. «Czy zakupiła pani ten model na jakiejś wyprzedaży?»

«Absolutnie nie,» odpowiedziała.

«Hm,» powtórzył George. «W takim razie proszę mi wytłumaczyć gdzie ten stojak się znajdował.»

«No więc, na tej... na jednostce centralnej,» wyjaśniła dziewczyna.

But then the telephone rang. George picked up the phone and listened to the person on the line.

«I'm sorry but I have to talk to a client,» he said to Robert a minute later. «Our managers could not answer her question. I would have to take the call.»

Robert said that he would wait. The phone was set to the speaker, so Robert could hear the client very well.

«You see,» she said, «the coffee holder was broken down on my computer. And the computer is still under warranty that is why I want to exchange for a new one for free.

«Hmm, a coffee holder?» George replied in surprise. «I don't remember such a model. Did you buy the computer with a coffee holder in our shop for sure?»

«Yes, of course,» she said. «I have all the documents.»

«It's interesting,» George wondered. «Did you buy this model on some sale?»

«No, I did not,» she said.

«Hm,» George repeated. «Well, then describe where this holder was situated.»

«Well, on this... system unit,» the girl explained.

«Nic z tego nie rozumiem,» George wzruszył ramionami. «Jaki stojak na kawę... Wydaję mi się, że jednak niczego takiego nie sprzedaliśmy. Proszę mi powiedzieć, czy jest coś na nim napisane?»

«Proszę chwilę poczekać, zaraz spojrzę» - powiedziała dziewczyna. «Wydaje mi się, że nie. O, chwila, jest napis 32 X.»

«32 X?» spytał George.

«Dokładnie tak» - odpowiedziała.

Robert wybuchnął śmiechem patrząc się na George'a, który również się uśmiechnął. Oczywiście oby dwoje uświadomili sobie, że dziewczyna próbowała postawić kawę na tacce od napędu CD-ROM.

«I don't understand anything,» George shrugged his shoulders. «What coffee holder... It seems to me that we did not sell anything like that. Tell me, is there something written on it?»

«Wait a minute, I'll take a look now» - the girl said. «It seems like nothing. Oh, no, it says, 32 X.»

«32 X?» George asked.

«Yes, exactly» - she said.

Robert burst out with laughter looking at George who smiled too. Of course, they both realized that she put her coffee on the drawer of the CD-ROM.

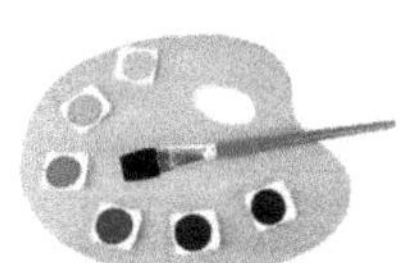

23

Kudłaty partner

Quentin miał na swoim koncie parę kradzieży, dlatego też był pewien, że również tym razem wszystko potoczy się pomyślnie. Prawie w ogóle się nie denerwował. Ostatnio denerwował się jednak jego pies, Gina. Wyła głośno za każdym razem, jak zostawała sama w domu. Sąsiedzi bardzo się na nią skarżyli. Ostatnimi razy, gdy nikogo nie było w domu, udało jej się zniszczyć doszczętnie parę mebli, co spowodowało, że nerwy żony Quentina również były w strzępkach. Pech chciał, że w dniu zaplanowanej kradzieży, nie było z kim zostawić psa. Quentin

A shaggy partner

Quentin has committed robberies before, so he was sure that this time everything would go well. He was almost not nervous at all. But recently his dog Gina became nervous. She began to howl loudly whenever she stayed home alone. Neighbors complained that she howled. And the last few times when no one was home Gina spoiled the furniture badly and Quentin's wife's nerves were also frayed. As ill luck would have it, on the day of the robbery there was no one to leave the dog with. Quentin figured that all the neighbors would find out that no

pomyślał, że wszyscy sąsiedzi zorientują się, że pies został sam w domu, z powodu jej wycia. Nie sądził, żeby ktokolwiek się go oto spytał - było to mało prawdopodobne.

Nie chciał on jednak, żeby sąsiedzi wiedzieli dokładnie kiedy wyszedł z domu i kiedy do niego wrócił. Dzisiaj zdecydowanie nie było mu to potrzebne. Po chwili wahania postanowił wziąć Ginę ze sobą. Mogła wyć ile tylko jej się podobało podczas tych pięciu minut, kiedy on będzie w banku. I tak nikt nie zwróci na nią uwagi na zatłoczonej głównej ulicy.

Rabunek poszedł tak jak się spodziewał, wszystko idealnie jak w zegarku. Quentin był zadowolony, że tak dobrze się do tego przygotował. Jednak gdy otworzył drzwiczki od samochodu, Gina natychmiast wyskoczyła na ulicę. Cały ranek przygotowywał się do rabunku i kompletnie zapomniał, że żona poprosiła go, aby wyprowadził psa. Teraz Gina załatwiała się pod najbliższym drzewem. Przeklinając cały świat, Quentin postanowił zaczekać na nią pół minuty. Gdy ta jednak zostawiła drzewo w spokoju, postanowiła trochę pobiegać. W żadnym wypadku nie był to odpowiedni moment! Quentin próbował ją złapać, ale zdało się to na nic. Usłyszał syreny policyjne. Był to najwyższy czas na ucieczkę. Żal mu było zostawiać Ginę. Ale co miał zrobić? Quentin wsiadł do samochodu i odjechał. Policja przyjechała za późno. Quentin był już

one was home because of the dog's howling. He did not think that someone would ask them - it was unlikely that it would come to that. But still he did not want the neighbors to know to the exact minute when he left and when he came back. Today it was completely unnecessary. After a moment's hesitation he decided to take Gina with him. She could howl as much as she wanted during those five minutes which he would spend in the bank, because no one will pay attention to her in a noisy main street.

As he expected, the robbery went like clockwork. Quentin was happy that he planned everything so well. But when he opened the car door Gina immediately jumped out of the car! All morning he had been preparing for the robbery and he completely forgot that his wife had asked him to take the dog for a walk. And now she was doing its business by the nearest tree. Cursing everything in the world, Quentin decided to wait for the dog for half a minute. But when Gina left the tree alone, she decided to run a little bit. It was not an appropriate time at all! Quentin tried to catch her but that didn't work out. He heard the police sirens. It was time to escape. He was sorry to leave Gina. But what could he do? Quentin got into the car and drove away. It was too late when police arrived. Quentin was

bardzo daleko.

David, który przyjechał na miejsce zdarzenia, postanowił przepytać świadków. Pewna starsza pani od razu do niego podeszła. Była niska, ale miała bardzo przenikliwe spojrzenie.

«Widzi pan tego psa?» zapytała Davida. «Myślę, że należy on do złodzieja. Mówię panu! Widziałam wszystko!» dodała z dumą.

Davida bardzo zainteresowało to, co powiedziała. Zawsze dogadywał się ze zwierzętami, więc udało mu się przywołać psa z łatwością. Machał ogonem w przyjazny sposób i dał się podrapać za uchem. W ten sposób Davidowi zostało tylko odczytanie adresu właściciela wypisanego na obroży.

already far away.

David, who arrived on the scene of the crime, decided to question the witnesses. One old lady immediately came up to him. She was small but had a very resolute look.

«Do you see that dog?» she asked David. «I think that this dog belongs to that robber. I'm telling you! I saw everything,» she added proudly.

David was interested in what she said. He always got along with animals and called the dog up easily. It wagged its tail in a friendly way and let him scratch its ear. So that David had only to read the address of the robber on its collar.

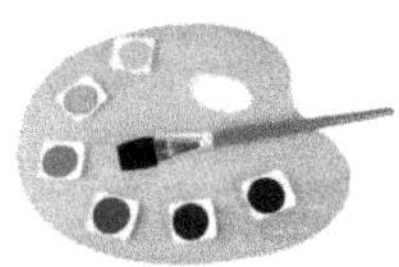

24

Najlepszy ekspres do kawy na świecie

Pewnego dnia Anna odebrała telefon od firmy zajmującej się sprzedażą artykułów gospodarstwa domowego. Poinformowali ją, że w tym czasie mieli w ofercie najlepszy ekspres do kawy na świecie.

«Musi go pani koniecznie zobaczyć» powiedzieli jej.

«Dziękuję, ale ja już mam ekspres do kawy,» odrzekła Anna.

«Tak, ale nasz zdecydowanie jest inny od tego, który pani posiada! Nasze ekspresy do kawy są o wiele lepsze!» zapewniali Annę.

Próbowała im wyjaśnić, że nie zamierza niczego kupić, ale sprzedawczyni nalegała i próbowała ją namówić na pięciominutową

The best coffeemaker in the world

Once, Anna got a call from a company that sold household appliances. They said that they were selling very good coffeemakers at the time.

«You should certainly see it!» they told her.

«Thanks, but I already have a coffee maker,» Anna replied.

«But this one is not like yours! Our coffeemakers are much better!» they assured her.

Anna explained that she was not going to buy anything, but they insisted and tried to persuade her for five

prezentację. Ostatecznie Anna musiała odłożyć słuchawkę. Śpieszyła się do pracy i nie miała czasu na rozmowy.

Ku jej zdziwieniu, w pracy znów odebrała telefon od tej samej firmy. Anna nie chciała z nimi rozmawiać, jednak oddzwonili do niej już po paru minutach. Zaczęło być to bardzo nieprzyjemne. Kiedy wieczorem wróciła do domu, zadzwonili ponownie, aby opowiedzieć jej o ich wspaniałym ekspresie do kawy. Anna bardzo się zdenerwowała.

«Proszę przestać do mnie dzwonić!» powiedziała stanowczo. «Nie potrzebuję ekspresu do kawy.»

Dziewczyna po drugiej stronie linii westchnęła ze smutkiem.

«Nikt nie potrzebuje ekspresu do kawy,» odparła. «A moi kierownicy mówią, że nie jestem dobra w tej pracy. W tym tygodniu nie zrobiłam jeszcze ani jednej prezentacji domowej. Wyleją mnie!» narzekała.

«Bardzo mi przykro z tego powodu,» powiedziała Anna. «Ale ja nadal nic od pani nie kupię.»

«W takim razie proszę przynajmniej pozwolić mi przyjść do pani i zrobić prezentację w pani domu. Nie będzie to panią nic kosztować,» błagała ją dziewczyna.

W końcu Anna się poddała i zgodziła się.

Następnego dnia Anna i David słuchali przez ponad cztery godziny wykładu o

minutes. Finally, Anna had to hang up. She was in a hurry to go to work and she could not talk.

But to her surprise she received a phone call at work from this firm again. Anna did not talk to them thought they called her back a few times. It was very unpleasant. And in the evening when Anna came home they called again and began to talk about their coffeemakers again. It made Anna terribly angry.

«Listen, stop calling me,» she said firmly, «I do not need a coffeemaker.»

The girl on the other end of the wire sighed sadly.

«Nobody needs coffeemakers,» she said sadly. «And the authorities say that I work badly. This week I did not even have a single home presentation. I will be fired!» She complained.

«I sympathize with you a lot,» Anna said. «But I'm still not going to buy anything.»

«Well, then let me at least come to your place and do a home presentation. It won't cost you anything,» the girl asked.

At last, Anna gave up and agreed.

The next day Anna and David listened to a presentation about «the best coffeemakers in the world» for

«najlepszym ekspresie do kawy na świecie.» Konsultantki mówiły i pokazywały bardzo dużo rzeczy; opisały wszystkie jego funkcję w najmniejszych szczegółach. Ekspres do kawy wyglądał rzeczywiście bardzo ciekawie. Annie jednak całkowicie wystarczał ekspres, który stał w jej kuchni.

«Dziękuję, to było bardzo interesujące,» powiedział w końcu David. «Ale jak już mówiliśmy wcześniej, nie jest nam potrzebny nowy ekspres do kawy.»

Konsultantka poprosiła wtedy o numer telefonu do kogoś, kto byłby zainteresowany kupnem ekspresu do kawy. Pomyśleli, że może to jedyny sposób, aby przestali wreszcie do nich dzwonić. Anna pomyślała przez chwilę. Oczywiście nie chciała ona dać im numeru od żadnego z przyjaciół, tak więc wybrała jednego kolegę z pracy, z którym bardzo często się kłóciła.

Konsultantka spojrzała na numer i powiedziała:

«Proszę mi wybaczyć, ale nie może to być ta osoba.»

«Dlaczego nie?» zdziwiła się Anna.

«Bo to on nam was polecił.»

more than an hour. The consultants talked and showed a lot; they explained every function in detail. The coffeemaker was really very good. But Anna was completely satisfied with the coffeemaker that stood in her kitchen.

«Thank you, it was very interesting,» David finally told them. «But, as we said, we do not need a coffeemaker.»

Then the consultants asked to give them the phone number of any person who may be interested in their coffeemakers. They hinted that in this case they will stop to call. Anna thought for a moment. Of course, she did not want to give them any of her friend's phone number, so she gave him a colleague's phone number with whom she often quarreled.

The consultant looked at the phone number and said:

«No, I'm sorry, but this person will not do.»

«Why not?» Anna was surprised.

«Because she recommended you to us,» she said.

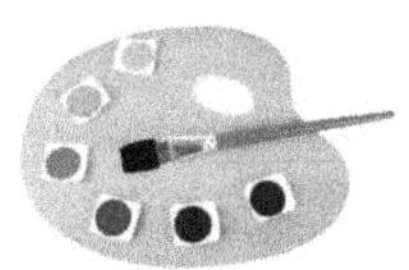

Komu jest on bardziej potrzebny?

Tego dnia David był na służbie w sądzie. Toczyła się sprawa podziału majątku pewnej pary. Przypadek ten wydawał mu się dość rutynowy i nudny, także nie przysłuchiwał się zbyt uważnie i rozmyślał o swoich sprawach. Od dłuższego czasu miał w planie kupno nowego, drogiego telefonu, i właśnie tego samego dnia wieczorem miał iść po niego ze swoją żoną. David rozważał, czy aby na pewno wybrał odpowiedni model. Nagle na sali zaczęło się zamieszanie. Sędzia ogłosił werdykt.

Majątek został podzielony w sposób

Who needs it more?

That day David was on duty at court. A case about the division of property of one couple was being conducted. The case seemed to him routine and boring so he did not listen very carefully and thought about his own matters. He had been planning to buy himself a new expensive telephone for a long time, and this evening David and his wife were going to buy it. David continued to think about whether he chose a good model or not. Then suddenly a disturbance began in the courtroom. The judge announced the decision.

He divided the property as follows: a

następujący: żelazko, odkurzacz, łóżko i piekarnik dostała żona; lodówkę, telewizor i kanapę dostał mąż. Nie wywołało to żadnego sprzeciwu. Zamieszanie zostało spowodowane czymś innym. Mianowicie - telefonem.

«To jest bardzo drogi telefon i nie pozwolę mu go zabrać!» wykrzyknęła żona.

Zaczęła wyjaśniać w szczegółach, dlaczego potrzebowała ona tego telefonu bardziej niż jej mąż. Słuchając tego, mąż poważnie się zdenerwował.

«Chwila, przecież to jest mój telefon!» powiedział gdy tylko przyszła jego kolej. «Zapłaciłem za niego prawie połowę wypłaty! Oczywistym jest, że zostaje u mnie!»

Wyciągnął telefon z własnej kieszeni, aby pokazać wszystkim, że należał on do niego.

«Nieprawda, on jest mój,» zaprzeczyła żona. «Ukradłeś mi go dziś rano!»

W tym momencie telefon zadzwonił. Kobieta wydarła go z ręki męża, aby odebrać. Mąż się zdenerwował i odebrał jej telefon. Zdążył nawet powiedzieć «halo,» ale w tym momencie żona go popchnęła, a on upadł, upuszczając telefon na podłogę. Żona w sekundzie chwyciła telefon i wybiegła z sali sądowej. Jej mąż się podniósł i wybiegła za nią. David

flat iron, a vacuum cleaner, a bed, and a cooker went to the wife; a refrigerator, a TV and a sofa went to the husband. It did not cause any objections. But there was another point because of which the disturbance began. It was because of a telephone.

«It's a very expensive phone and I can't let my husband have it!» his wife said.

She began to explain in detail that she needed the telephone much more that her husband. Her husband became very angry, listening to all this.

«But wait, it is my telephone!» He said when it was his turn. «I paid for it almost half of my salary! Of course, it must stay with me!»

He pulled the phone out of his pocket to show everyone that the telephone belonged to him and it was in his pocket.

«No, it is mine,» the wife objected. «You just stole it this morning!»

At that moment the phone rang. The woman pulled it out of her husband's hand to answer the call. Her husband was angry and pulled the phone out of her hand. He even had time to say «hello» but then his wife pushed him and he fell and dropped the phone on the floor. His wife immediately grabbed the phone and ran out of the courtroom with it. Her husband got up and ran after her. David understood

zrozumiał, że czas było interweniować. Wybiegł za parą na ulicę, aby ich rozdzielić.

Gdy ich dogonił, zobaczył męża szarpiącego za włosy swoją żonę, która w tym samym momencie gryzła jego dłoń. David rozdzielił ich z wielkim trudem. Zwrócili na niego uwagę dopiero wtedy, gdy zarekwirował telefon i kazał im powrócić na salę.

Sędzia spojrzał na nich uważnie i zwrócił się do męża:

«Jeśli pańska żona jest w stanie zaryzykować tak wiele z powodu tego telefonu, proszę pozwolić jej go zatrzymać.»

Mężczyzna płonął ze zdenerwowania, lecz wiedział, że nie ma sensu się kłócić. Sprawa została zamknięta i wszyscy zaczęli powoli się rozchodzić. David widział już dużo podczas swojej pracy, ale dzisiejsze zdarzenie wywarło na nim wielkie wrażenie. Wyszedł on z sali sądowej i pierwszą rzeczą, którą zrobił, był telefon do jego żony.

«No i jak kochanie? Jesteś gotowa na zakupy?» spytał David.

«Oczywiście, że tak! Czekam na ciebie!» odpowiedziała z radością.

David zamilczał przez chwilę.

«Wiesz co,» powiedział wreszcie, «tak

that it was time to intervene. He ran into the street after the couple to separate them.

When he ran up to them, the husband had just grasped the woman's hair and she was biting his hand. With great difficulty David separated them. They responded only when he took away the phone and asked them to return to court.

The judge looked at the couple attentively and addressed the husband:

«If your wife is ready to take a risk like that for the sake of the telephone then let her get it.»

The husband turned red with anger but it was useless to argue. The case was closed and everyone slowly began to disperse. David has seen a lot in his line of work, but today's event made a great impression on him. He walked out of the courtroom and first of all he called his wife.

«Well, my dear? Are you ready to go shopping?» he asked.

«Of course, I'm waiting for you!» she replied cheerfully.

David was silent for a while.

«You know what,» he said at last, «I've

sobie pomyślałem… W zasadzie to ten telefon nie jest mi aż tak potrzebny. Myślę, że byłoby lepiej gdybyśmy go tobie kupili.»

Jego żona była bardzo zaskoczona.

«Jest to oczywiście dość niespodziewana decyzja,» odpowiedziała po przerwie. «Ale niech tak będzie, nie będę się z tobą kłócić,» zaśmiała się.

been thinking… Actually, I don't need that telephone that much. I think it would be better if we buy it for you.»

His wife was very surprised.

«Of course, this is a very unexpected decision,» she replied after a pause. «But let it be, I'm not going to argue with you,» she laughed.

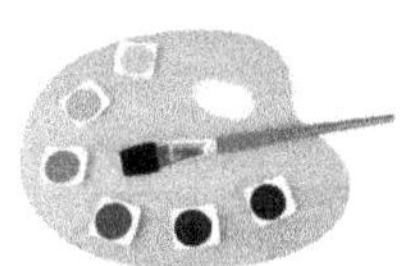

Fatalna kłótnia	**A fatal quarrel**
Lena i Robert zostali zaproszeni na wesele. Zaprosiła ich przyjaciółka Leny, Mary, która to właśnie wychodziła za mąż. Lena próbowała wybrać odpowiednią sukienkę już od dwóch tygodni. Nagle jednak, tuż przed weselem, Mary zadzwoniła do Leny i oznajmiła, że wesele jest odwołane.	Lena and Robert were invited to a wedding. Lena's friend Mary was going to get married and invited them. Lena has been trying to choose a dress for two weeks. But suddenly, just before the wedding, Mary called Lena and said that the wedding is canceled.
«Strasznie się pokłóciliśmy,» powiedziała Mary. «Nie chcę z nim nawet rozmawiać!» Była bardzo zdenerwowana na narzeczonego.	«We quarreled a lot,» Mary said. «Now I don't even want to talk to him!» She was very offended by her fiancé.
«Może nie jest aż tak źle, jak ci się wydaję,» powiedział Lena. «Może się jeszcze	«But maybe everything is not so bad,» Lena said. «Maybe you'll make it

pogodzicie.»

Mary westchnęła ciężko. Czas upływał, a oni nadal się nie pogodzili. Mary powiedziała Lenie, że jej narzeczony dzwonił do niej bez przerwy. Ale Mary nie odbierała telefonu i nie pozwoliła mu wejść do domu, kiedy do niej przyszedł. Próbował bardzo ciężko, aby się z nią pogodzić, ale ona nadal nie chciała z nim rozmawiać. Któregoś dnia przestał dzwonić. Mary była bardzo nieszczęśliwa, bo właśnie wtedy była gotowa zmienić zdanie. Ale on nie dzwonił i nie przychodził. Totalna cisza.

«Zadzwoń do niego,» próbowała przekonać ją Lena. «On dzwonił i przepraszał cię już tyle razy.»

«Nie, ja nie mogę do niego zadzwonić,» odpowiedziała uparcie Mary. «Może jestem zbyt dumna.»

Minęły kolejne trzy miesiące, a oni nadal się nie pogodzili. Któregoś dnia Mary otrzymała pocztą list. Było to zaproszenie na ślub jego byłego narzeczonego! Mary nie potrafiła się uspokoić przez cały dzień i popadła w wielką depresję. Nie mogła myśleć o niczym innym. Krążyła bezcelowo pomiędzy jednym kątem a drugim. Wieczorem poszła do Leny, żeby podzielić się z nią jej wielkim bólem. Mary była kompletnie załamana.

«Wyobrażasz to sobie!» mówiła do Leny. «Jak on mógł tak szybko o mnie zapomnieć!

up with him.»

Mary just sighed heavily. Time went by but they did not reconcile. Mary told Lena that her fiancé called her all the time. But Mary did not pick up the phone and did not let him in when he came. He tried to make up hard but she still did not want to talk to him. And suddenly his calls stopped. Mary was very upset because she was ready to change her mind. But he did not call and did not come. There was complete silence.

«Well, call him yourself,» Lena tried to persuade her «He called you and apologized so many times.»

«No, I cannot call myself,» Mary replied stubbornly. «Perhaps I'm too proud.»

Another three months passed and they did not reconcile. And then one day Mary received an envelope by mail. It was an invitation to the wedding of her ex-fiancé! Mary could find no peace anywhere all day long and she was terribly depressed. She could not think about anything else. She just walked aimlessly from one corner to another. In the evening she went to Lena to share her grief. Mary was completely crushed.

«Just imagine!» she told Lena. «How could he forget me so quickly! After all I was going to marry him!» she said in

Mieliśmy się przecież pobrać!» powiedziała sfrustrowana.

«Rzeczywiście, to okropne,» powiedziała Lena. «Słuchaj, może byśmy tak otworzyły tę kopertę? Interesuje mnie bardzo, kto jest przyszłą panną młodą.»

«Nie obchodzi mnie to,» odrzekła Mary surowo. «Chociaż, masz racje! Muszę to wiedzieć!» zmieniła nagle zdanie. Mary wyciągnęła zaproszenie z jej torby i otworzyła je. Zobaczyła, że obok imienia pana młodego widniało jej własne imię.

frustration.

«Yes, indeed, it's awful,» Lena said. «But listen, why don't we open the envelope? It is still interesting to know who his bride is.»

«No, I'm not interested,» Mary said sternly. «Although yes! I must know that!» Suddenly she changed her mind. Mary took the envelope with the invitation from her purse and opened it. And she saw that the next to the groom's name there was her own name.

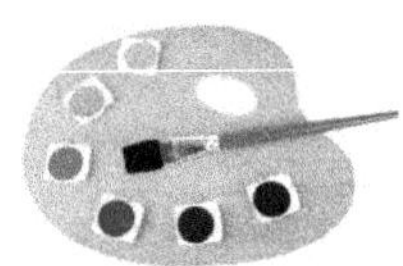

27

Stary dobry przyjaciel

Tym razem policja przybyła do obrabowanego banku natychmiastowo i sprawca nie miał praktycznie szans na ucieczkę. Patrole policyjne były ustawione w kilku miejscach, a wszystkie drogi były zablokowane. Policja pracowała bardzo sprawnie i wszyscy rozumieli, że przestępca jest nadal gdzieś w pobliżu. W końcu nie mógł się zbytnio oddalić. Prawdę mówiąc, sprawę komplikował fakt, że obrabował on bank w masce. David był na jednej z bramek i obserwował z uwagą każdego przechodnia i

An old good friend

This time the police came to the robbed bank immediately, and the perpetrator had almost no chance of escape. Police posts were set on several blocks around there, and all the roads were blocked. The police worked very quickly, and everyone understood that the perpetrator was still nearby. After all, he just couldn't get far. To tell the truth, he robbed the bank in a mask and it complicated the whole case. David stood on one of the posts and watched

każde przejeżdżające auto.

Nagle zauważył osobę, której twarz wydawała mu się znajoma. Był to jego stary przyjaciel. Grał on kiedyś z Davidem w tej samej drużynie piłki nożnej. David uśmiechnął się na jego widok. Radosne spotkanie ze starym, dobrym przyjacielem było wielkim zaskoczeniem w tym momencie. David pomachał radośnie ręką i wtedy jego przyjaciel również go zauważył. W odpowiedzi też do niego pomachał. Nagle dobry humor Davida zniknął bez śladu. Dłoń jego przyjaciela była poplamiona tuszem fluorescencyjnym.

To ten sam tusz, którego używa się dla zabezpieczenia skrzynek z pieniędzmi w banku. David zrozumiał, że to spotkanie nie ograniczy się tylko do wymiany przyjacielskich uścisków. Wyszeptał kilka słów do swojego partnera i zawołał przyjaciela, aby podszedł bliżej. Widać było zdecydowanie, że nie chciał tego zrobić, ale zgodził się, po to aby nie wywołać podejrzeń. W międzyczasie policjanci po cichu go otoczyli.

«Witaj, stary kolego,» powiedział David zasmucony. Było mu strasznie przykro, że jego przyjaciel zabrał się za rabowanie banków.

«No tak, to dość nieoczekiwane,» odpowiedział przyjaciel rozglądając się dokoła. «Tak długo się nie widzieliśmy!»

every passer-by and every passing car attentively.

Suddenly he saw a person whose face seemed familiar to him. It was his old friend. He and David used to play together on the same football team. David smiled when he saw him. A cheerful meeting with a good old friend was a big surprise at such a moment. David kindly waved his hand and his friend saw him too. In response he also waved his hand to David. Then David's good mood vanished instantly. His friend's hand was stained with fluorescent dye.

The same dye that they use for the protection of bank boxes with money. David understood that this meeting would not be limited to a friendly greeting. He whispered a few words to his partner and called his friend to come closer. He was certainly not eager to do it, but still he agreed in order not to arouse any suspicions. Meanwhile, the policemen were quietly surrounding them.

«Hello, old chap,» David told him sadly. He was very sorry that his old friend resorted to bank robbery.

«Well yes, it is so unexpected,» his friend replied looking around. «Long time no see!»

«Masz rację,» powiedział David, «w imię starych, dobrych czasów, pozwól, że zaoferuję ci trochę wody i mydła, abyś mógł zmyć z rąk tusz bankowy. Mogę ci również zaoferować czystą, wygodną celę.»

Twarz przyjaciela Davida natychmiast zmieniła kolor. Zauważył, że został on otoczony przez policję.

«Coś mi mówi, że z pewnością nie odrzuci twojej koleżeńskiej propozycji!» powiedział partner Davida z uśmiechem na twarzy.

«Yes, you are right,» David said, «For old times' sake, I can offer you some water and soap to wash your hands from the banking dye. I can also offer you a comfortable clean cell.»

David's friend immediately changed color. He noticed that he was surrounded by police.

«For some reason, I have no doubt that he will take your friendly offer!» David's partner said with a smile.

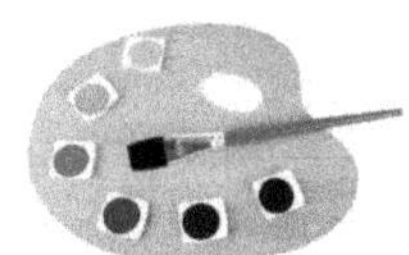

28

Krety – miłośnicy muzyki

David i Anna byli bardzo szczęśliwi, gdy udało im się kupić domek na wsi. Oboje marzyli już od dawna, aby mieć taki dom z dala od miejskiego gwaru. Zrobili remont i pięknie go umeblowali. Mieli pecha tylko w jednej sprawie. Problemem były krety. Mieszkały ona dokładnie na posiadłości Davida. Przekopywały one całe podwórze. Powodowały, że kwietniki Anny wyglądały żałośnie. Oboje wciąż potykali się na ich kopcach. Oczywiście, wcale im się to nie podobało. Spróbowali oni każdego sposobu, aby się ich pozbyć!

Moles - music lovers

When David and Anna bought a cottage, they were very happy. They had wanted to have such house far away from the city hubbub for a very long time already. They made some renovations and furnished the house perfectly. But they had no luck with one thing. There was a problem with moles. They lived right on David's property. Moles dug over the whole yard. Anna's flowerbeds looked miserable because of them. David and Anna tripped on their burrows all the time. Of course, they did not like it at all. They tried

Zwierzę to jednak okazało się zaskakująco odporne. David spróbował tuzina różnych metod, ale bezczelne zwierzę było nie do pobicia. Nadal mieszkały na podwórzu i zostawiały wszędzie swoje kopce. Anna i David byli przerażeni. Nie wiedzieli co mają zrobić. W tym czasie, do jednych z sąsiadów przyszedł siostrzeniec w odwiedziny. Był to nastolatek w wieku około trzynastu lat. Słyszał on o ich problemie i zaproponował im dość niezwykłe rozwiązanie.

«Ta metoda sprawdza się nawet na najbardziej paskudnych sąsiadach,» powiedział chłopiec z uśmiechem na ustach. «A krety na pewno tego nie przetrwają.»

Metoda była następująca. Chłopiec zaoferował się, że wykopie dwa duże doły na środku podwórza. Następnie przyniósł on z domu dwa duże głośniki. Położyli głośniki w tych dziurach i podłączył je do prądu. Jak tylko zapadła noc, chłopiec włączył muzykę rock na pełną głośność. Oczywiście ta noc była ciężka nie tylko dla kretów. Ale David z Anną znosili wszystko dzielnie, aby tylko móc się pozbyć podziemnych mieszkańców. Poprzedniej nocy wyrównali ziemię na podwórzu. Byli bardzo szczęśliwi widząc, że następnego ranka nie było żadnej nowej dziury, czy pagórka. Metoda zadziałała! Aby polepszyć efekty, zorganizowali oni takie

everything to exterminate the moles! But the animals turned out to be surprisingly resilient. David tried a dozen of different means on them but the cheeky animals were invincible. They continued to live in the yard and they dug their burrows everywhere. Anna and David were horrified. They did not know what to do. At this time, a nephew came to visit their neighbors. He was a teenager about thirteen years old. He heard about their problem and proposed an unusual solution.

«This method is good even for the nastiest neighbors,» the boy told them with a smile. «Moles will not withstand it for sure.»

The method was as follows. The boy offered to dig two large deep holes in the middle of the yard. Then he brought huge loudspeakers for music from home. They placed these loudspeakers into the holes and connected them to electricity. As soon as night came the boy turned on hard rock in top volume. Of course, it was a difficult night not only for the moles. But David and Anna bravely endured everything to get rid of the underground inhabitants. The previous night they leveled the ground in the yard. And they were very happy to see that the next morning there was not a single new hole or heap. The method worked! To improve the result they arranged the hard rock concerts for the

rockowe koncerty jeszcze przez kilka nocy.

To było cudowne – podwórze było nadal wolne od dziur i wybrzuszeń. Wreszcie krety zostawiły ich w spokoju! David i Anna już się prawie przyzwyczaili do spania przy głośnej muzyce. Któregoś ranka jednak obudzili się z powodu niezwykłej ciszy. David postanowił sprawdzić, o co chodziło. Odpowiedź była prosta. Okazało się, że w nocy krety przegryzły kable pod ziemią. A nowy kopiec już było widać na środku podwórza.

moles several nights more.

And it was wonderful - the yard was still without holes and heaps. Finally, the moles left them! David and Anna became almost used to sleeping with loud music. But suddenly one day they woke up early in the morning because of an unusual silence. David began to find out what happened. The answer was simple. It turned out that at night the moles gnawed the electric wire underground. And new burrows could be seen in the middle of the yard.

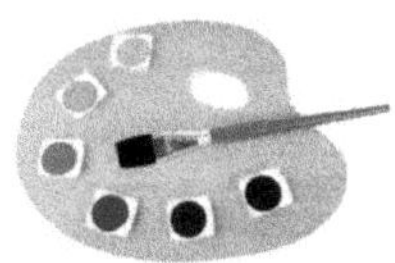

29

Psychologia zbrodni

David umówił się z Robertem na wyjście wieczorem do baru. David został jednak zatrzymany przez niespodziewane wydarzenie. Ogromna kradzież miała miejsce w sklepie z elektroniką, więc David musiał jechać na miejsce przestępstwa. Robert postanowił, że go stamtąd odbierze, a przy okazji sam rzuci okiem na sytuację.

«Wyobrażasz to sobie? Udało im zbić szybę i ukraść cały zestaw telewizyjny prosto z wystawy,» opowiedział David Robertowi, gdy ten przyjechał na miejsce.

Robert obejrzał sklep uważnie.

«Co planujesz zrobić?» zapytał.

«Przeprowadzimy śledztwo, tak jak

Psychology of the criminal

David and Robert agreed to go to a pub in the evening. But David was detained by the unexpected affair. A huge robbery was committed in an electronics store and David went to the scene of the crime. Robert decided to pick him up right there and at the same time to have a look what happened.

«Can you imagine? They broke the glass and stole TV- sets right from shopwindow,» David said to Robert when he arrived.

Robert examined the store carefully.

«What you plan to do?» he asked.

«We will investigate the case as

zwykle,» odpowiedział. «Chodźmy teraz do baru. Ja już tu skończyłem.»

Robert potrząsnął głową.

«Pewnie słyszałeś wiele razy, że przestępca zawsze wraca na miejsce zbrodni. Myślę, że powinniśmy się schować tutaj i poczekać na niego,» zasugerował.

«Nie sądzę,» powiedział David. «Gdyby to było takie proste, to nie prowadzilibyśmy żadnych śledztw. Czekalibyśmy tylko na miejscu przestępstwa, czekając aż złodziej sam wróci,» zaśmiał się.

Robert był jednak poważny.

«Zaufaj mojej intuicji,» powiedział. «Dziś może nam się to przytrafić. Oni tu mogą wrócić.»

David nie był do końca przekonany, ale zgodził się na pomysł Roberta. Postanowili zostać w sklepie na noc i zaczekać.

Przez kolejnych kilka godzin nic się nie wydarzyło. David żałował w głębi duszy, że nie poszli z Robertem do baru, gdyż jest tam o wiele zabawniej, niż w ciemnym sklepie.

Nagle usłyszeli cichy szmer. Policjanci zaczekali, aż nieproszeni goście wejdą powoli do sklepu i zamkną za sobą drzwi. Złodzieje oczywiście nie spodziewali się nikogo wewnątrz sklepu. To dlatego byli kompletnie zaskoczeni, gdy ujrzeli

usual,» he answered. «We'll go with you to the pub now. I have already finished here.»

Robert shook his head.

«I think you have heard a lot of times already that the criminal always returns to the scene of the crime. I believe that we should hide here and wait for them,» he suggested.

«No,» David said. «If it were that easy, we would have nothing to investigate. We would just sit at the scene of the crime and wait until the criminals come back,» he laughed.

But Robert was serious.

«Trust my intuition,» he said. «It may be such a case today. They can come back here.»

David was not sure about this but he agreed with Robert. They decided to stay together for the night and wait.

Nothing happened for a few hours. David secretly regretted that he and Robert did not go to the pub, since it's more fun there at night than in the dark shop.

Suddenly they heard a quiet noise. The policemen waited until the guests came into the shop and carefully closed the door. The robbers did not expect to meet anyone there. That is why they were

policjantów. Zostali oni natychmiast schwytani.

Robert zapalił światło i spojrzał na nich z uśmiechem pełnym satysfakcji.

«Mówiłem, że wrócą,» powiedział, a potem wskazał Davidowi torbę upuszczoną przez złodziei. Rzeczywiście było w sklepie coś, po co musieli się wrócić. Za pierwszym razem zabrali oni tylko zestaw telewizyjny z wystawy. Robert podejrzewał, że rzeczą po którą teraz wrócili, był pilot do telewizora.

confused when they saw the policemen. They were immediately seized.

Robert turned on the light and looked at them with a satisfied smile.

«I told you that they would be back,» he said and then showed David a package which was dropped by the robbers. It was something for which they came back. The first time they took only the TV-sets from the shopwindow. That is why they came back now, as Robert suspected, to take the remote controls for them.

* * *

The 1300 important Polish words

Days of the week - Dni tygodnia

Sunday - niedziela

Monday - poniedziałek

Tuesday - wtorek

Wednesday - środa

Thursday - czwartek

Friday - piątek

Saturday - sobota

week - tydzień

day - dzień

night - noc

today - dzisiaj

yesterday - wczoraj

tomorrow - jutro

morning - rano

evening - wieczór

Months - Miesiące

January - Styczeń

February - Luty

March - Marzec

April - Kwiecień

May - Maj

June - Czerwiec

July - Lipiec

August - Sierpień

September - Wrzesień

October - Październik

November - Listopad

December - Grudzień

Seasons of the year - Pory roku

winter - zima

spring - wiosna

summer - lato

autumn - jesień

Family - Rodzina

aunt - ciocia

brother - brat

children - dzieci

dad - tata

daughter - córka

family - rodzina

father - ojciec

granddaughter - wnuczka

grandfather - dziadek

grandmother - babcia

grandparents - dziadkowie

grandson - wnuk

great-grandfather - pradziadek

great-grandmother - prababcia

mother - matka

nephew - siostrzeniec

niece - siostrzenica

parents - rodzice

sister - siostra

son - syn

uncle - wujek

Appearance and qualities - Wygląd i cechy

active - aktywny/a

bald - łysy/a

character - charakter

clever - sprytny/a

considerate - rozważny/a

creative - kreatywny/a

cruel - okrutny/a

curly - kręcone

energetic - energiczny/a

fat - gruby/a

generous - hojny/a

greedy - chciwy/a

hairy - owłosiony/a

handsome - przystojny/a

kind - miły/a

married - żonaty/zamężna

old - stary/a

plump - pulchny/a

polite - grzeczny/a

poor - biedny/a

pretty - ładny/a

rich - bogaty/a

rude - niegrzeczny/a

short - niski/a

single - samotny/a

skinny - chudy/a

slim - szczupły/a

straight - prosty/a

strong - silny/a

stupid - głupi/a

tactful - taktowny/a

talented - utalentowany/a

tall - wysoki/a

thin - cienki/a

ugly - brzydki/a

unkind - niemiły/a

weak - słaby/a

young - młody/a

Emotions - Emocje

bored - znudzony/a

confident - pewny/a siebie

content - zadowolony/a

curious - ciekawy/a

ecstatic - ekstatyczny/a

emotion - emocja

excited - podekscytowany/a

goofy - głupkowaty/a

happy - szczęśliwy/a

hoping - mający/a nadzieję

hungry - głodny/a

lonely - samotny/a

mischievous - psotny/a

nervous - nerwowy/a

offended - urażony/a

sad - smutny/a

scared - przestraszony/a

shocked - zszokowany/a

sleepy - senny/a

surprised - zaskoczony/a

thirsty - spragniony/a

tired - zmęczony/a

Clothes - Odzież

anorak - parka

belt - pasek

blouse - bluzka

boots - buty

bracelet - bransoletka

cap - czapka

cardigan - kardigan

clothes - ubrania

coat - płaszcz

dress - sukienka

earring - kolczyk

fur coat - futro

glasses - okulary

glove - rękawica

hat - kapelusz

jacket - kurtka

jeans - dżinsy

jersey - dżersej

necklace - naszyjnik

nightie - koszula nocna

pyjamas - piżama

raincoat - płaszcz przeciwdeszczowy

ring - pierścionek

sandals - sandały

scarf - szalik

shirt - koszula

shoes - buty

shorts - szorty

skirt - spódnica

slippers - pantofle

sneakers - trampki
socks - skarpety
stockings - pończochy
suit - garnitur
sweater - sweter
swimsuit - strój kąpielowy
tie - krawat
tights - rajstopy
tracksuit - dres
trousers - spodnie
T-shirt - koszulka
umbrella - parasolka
pants - spodnie
watch - zegarek

House and furniture - Dom i meble

alarm clock - budzik
apartment - apartament
balcony - balkon
bathroom - łazienka
bed - łóżko
bedroom - sypialnia
bedspread - narzuta na łóżko
bench - ławka
blanket - koc
bookcase - regał
carpet - dywan
casket - szkatułka
chair - krzesło
closet - szafa
cupboard - szafa
curtain - kurtyna
desk - biurko
dining room - jadalnia
door - drzwi
doorbell - dzwonek do drzwi
downstairs - dół
furniture - meble
garage - garaż

hall - hol
hallway - korytarz
house - dom
interior - wnętrze
kitchen - kuchnia
lamp - lampa
living room - salon
mailbox - skrzynka pocztowa
mattress - materac
mirror - lustro
nightstand - szafka nocna
picture - zdjęcie
pillow - poduszka
pillowcase - poszewka na poduszkę
roof - dach
room - pokój
safe - bezpieczny
sheet - arkusz
shelf - półka
shower - prysznic
sofa - sofa
stairs - schody
stool - stołek
table - stolik
toilet - toaleta
upstairs - na górze
window - okno

Kitchen - Kuchnia

burner - palnik
cabinet - szafka
canister - kanister
chair - krzesło
cookbook - książka kucharska
dishwasher - zmywarka do naczyń
faucet - bateria
freezer - zamrażarka
kitchen - kuchnia
kitchenware - przybory kuchenne

microwave - mikrofalówka
oven - piekarnik
refrigerator - lodówka
sink - zlew
sponge - gąbka
stove - kuchenka
table - stół
toaster - toster
towel - ręcznik

Tableware - Naczynia

bottle - butelka
bowl - miska
coffeepot - dzbanek do kawy
cup - filiżanka
fork - widelec
frying pan - patelnia
glass - szklanka
jug - dzbanek
kettle - czajnik
knife - nóż
lid - pokrywka
mug - kubek
napkin - serwetka
pan - patelnia
pepper shaker - pieprzniczka
plate - talerz
salt shaker - solniczka
saucepan - sosjerka
spoon - łyżka
sugar bowl - cukiernica
tableware - zastawa stołowa
teapot - czajniczek

Food - Jedzenie

baked - pieczone
bean - fasola
beef - wołowina
bitter - gorzkie
bread - chleb

butter - masło
cake - ciasto
candy - słodycze
caviar - kawior
cheese - ser
chicken - kurczak
chocolate - czekolada
cocktail - koktajl
cocoa - kakao
coffee - kawa
cookie - ciasteczko
croissant - rogalik
cutlet - kotlet
egg - jajko
fish - ryba
flour - mąka
food - żywność
fried - smażony
fruit - owoce
ham - szynka
ice cream - lody
jam - dżem
jelly - galaretka
juice - sok
ketchup - keczup
macaroni - makaron
mayonnaise - majonez
meat - mięso
milk - mleko
pancake - naleśnik
pasta - makaron
pepper - papryka
pie - placek
pizza - pizza
pork - schabowy
porridge - kaszka
potato - ziemniak
rice - ryż

salad - sałatka
salt - sól
salted - solone
sandwich - kanapka
sauce - sos
sausage - kiełbasa
soup - zupa
sour - kwaśne
spice - przyprawa
steak - stek
sugar - cukier
sweet - słodkie
tea - herbata
vegetables - warzywa

Meat and fish - Mięso i ryby

meat - mięso
beef - wołowina
lamb - jagnięcina
mutton - baranina
pork - wieprzowina
veal - cielęcina
venison - dziczyzna
bacon - bekon
ham - szynka
liver - wątroba
kidneys - nerki
poultry - drób
chicken - kurczak
turkey - indyk
duck - kaczka
goose - gęś
fish - ryba
cod - dorsz
trout - pstrąg
salmon - łosoś
hake - morszczuk
plaice - gładzica
mackerel - makrela

sardine - sardynka
herring - śledź
seafood - owoce morza
prawn - krewetka
shrimp - krewetka
mussel - małż
oyster - ostryga
lobster - homar
squid - kalmar
crab - krab

Fruit - Owoce

apple - jabłko
apricot - morela
banana - banan
fruit - owoc
grape - winogrono
grapefruit - grejpfrut
kiwi - kiwi
lemon - cytryna
lime - limonka
mango - mango
melon - melon
peach - brzoskwinia
pear - gruszka
pineapple - ananas
plum - śliwka

Vegetables - Warzywa

beans - fasola
beet - buraki
cabbage - kapusta
carrot - marchew
celery - seler
cucumber - ogórek
dill - koperek
eggplant - bakłażan
garlic - czosnek
onion - cebula
parsley - pietruszka

pea - groszek
pepper - papryka
potato - ziemniak
pumpkin - dynia
radish - rzodkiewka
tomato - pomidor
vegetable - warzywo
Beverages - Napoje
alcohol - alkohol
alcoholic beverage - napój alkoholowy
beer - piwo
beverage - napój
cocktail - koktajl
cocoa - kakao
coffee - kawa
drink - napój
fruit juice - sok owocowy
iced tea - mrożona herbata
juice - sok
lemonade - lemoniada
milk - mleko
milkshake - milkshake
orange juice - sok pomarańczowy
soft drink - napój bezalkoholowy
tea - herbata
tomato juice - sok pomidorowy
vegetable juice - sok warzywny
water - woda
wine - wino
Cooking - Gotowanie
add - dodać
bake - upiec
beat - pokonać
boil - gotować
chop - posiekać
cook - gotować
cooking - gotowanie
fry - smażyć

grate - wrzucić na ruszt
grill - grilować
melt - stopić
mince - mince
mix - mieszać
peel - obrać
pour - wlać
roast - pieczeń
sift - przesiać
simmer - gotować na wolnym ogniu
slice - pokroić
stir - zamieszać
wash - umyć
weigh - ważyć
whisk - trzepać
Housekeeping - Sprzątanie
air - powietrze
bleach - wybielacz
broom - miotła
bucket - wiadro
cleanser - środek czyszczący
clothespin - klamerka
dirt - brud
dust - kurz
dustpan - szufelka
empty - pusty
garbage - śmieci
housekeeping -
Sprzątanie/gospodarowanie domem
iron - żelazko
ironing board - deska do prasowania
laundry - pranie
laundry detergent - detergent do prania
mop - mop
rag - szmata
sponge - gąbka
sweep - zamiatanie
trash can - kosz na śmieci

vacuum cleaner - odkurzacz
wipe - wytrzeć
Body care - Pielęgnacja ciała
care - pielęgnacja
cologne - woda kolońska
comb - grzebień
dental floss - nić dentystyczna
deodorant - dezodorant
fan - wentylator
freshener - odświeżacz
hairpin - spinka do włosów
hamper - kosz
hygiene - higiena
lipstick - szminka
mascara - maskara
mirror - lusterko
mouthwash - płyn do płukania ust
nail polish - lakier do paznokci
perfume - perfumy
razor - maszynka do golenia
scale - waga
scissors - nożyczki
shampoo - szampon
shaving cream - krem do golenia
shower - prysznic
sink - zlew
soap - mydło
sponge - gąbka
toilet - toaleta
toothbrush - szczoteczka do zębów
toothpaste - pasta do zębów
towel - ręcznik
tweezers - pęseta
Weather - Pogoda
breeze - bryza
bright - jasno
chilly - chłodno
cloudy - pochmurnie

cold - zimno
cool - ziębno
fog - mgła
foggy - mglisto
frosty - mroźnie
hail - grad
heat - ciepło
hot - gorąco
lightning - błyskawica
mist - mgła
rain - deszcz
rainy - deszczowo
shower - mrzawka
snow - śnieg
sunny - słonecznie
temperature - temperatura
weather - pogoda
wind - wiatr
windy - wietrznie
Transport - Transport
airplane - samolot
ambulance - ambulans
bicycle - rower
boat - łódź
bus - autobus
car - samochód
helicopter - helikopter
motorcycle - motocykl
police car - samochód policyjny
road - droga
sailboat - żaglówka
scooter - skuter
ship - statek
street - ulica
traffic light - światło
train - pociąg
tram - tramwaj
transport - transport

truck - ciężarówka
van - wan
City - Miasto
alley - aleja
area - obszar
avenue - uliczka
bakery - piekarnia
bank - bank
bar - bar
baths - łaźnie
bench - ławka
bookstore - księgarnia
bridge - most
building - budynek
bus stop - przystanek autobusowy
cafe - kawiarnia
car park - parking
church - kościół
cinema - kino
circus - cyrk
city - miasto
coffee shop - sklep z kawą
corner - narożnik
crossing - przejście
crosswalk - przejście dla pieszych
dentist's - dentysta
department store - dom towarowy
doctor's - lekarz
drugstore - apteka
fire station - remiza strażacka
flower shop - kwiaciarnia
flower-bed - klomb
fountain - fontanna
gallery - galeria
gas station - stacja benzynowa
gate - brama
hair salon - salon fryzjerski
hospital - szpital

hotel - hotel
intersection - skrzyżowanie
library - biblioteka
map - mapa
market - rynek
monument - pomnik
movie theater - kino
museum - muzeum
nightclub - klub nocny
palace - pałac
park - park
parking lot - parking
pavement - chodnik
pedestrian crossing - przejście dla pieszych
pharmacy - apteka
picture gallery - galeria zdjęć
police - policja
pool - basen
post office - poczta
restaurant - restauracja
road - droga
road sign - znak drogowy
school - szkoła
seat - siedziba
shop - sklep
sidewalk - chodnik
skyscraper - drapacz chmur
square - plac
stadium - stadion
stall - stragan
statue - posąg
store - sklep
street - ulica
street map - mapa ulic
suburb - przedmieście
subway - metro
supermarket - supermarket

swimming pool - basen
taxi-rank - zajazd dla taksówek
theatre - teatr
town - miejscowość
town plan - plan miasta
town square - plac miejski
traffic lights - światła drogowe
train station - dworzec kolejowy
underground - podziemia
underpass - przejście podziemne
university - uniwersytet
zoo - zoo

School - Szkoła

backpack - plecak
bell - dzwonek
biology - biologia
blackboard - tablica
break - przerwa
calculator - kalkulator
chair - krzesło
chalk - kreda
chemistry - chemia
clamp - zacisk
classroom - klasa
clip - klips
clipboard - klips
clock - zegar
correction fluid - płyn korygujący
curriculum - program nauczania
desk - biurko
drawing - rysunek
education - edukacja
eraser - gumka
exam - egzamin
examination - egzamin
file - plik
geography - geografia
globe - globus

glue - klej
headmaster - dyrektor szkoły
highlighter - zakreślacz
history - historia
holiday - wakacje
lesson - lekcja
locker - szafka
map - mapa
mark - zaznaczyć
marker - marker
mathematics - matematyka
music - muzyka
notebook - notatnik
notepad - notes
office supplies - materiały biurowe
paper - papier
pen - pióro
pencil - ołówek
pencil case - piórnik
physics - fizyka
puncher - dziurkacz
pupil - źrenica
pushpin - pinezka
ruler - linijka
school - szkoła
scissors - nożyczki
scotch tape - taśma klejąca
semester - semestr
sharpener - temperówka
stapler - zszywacz
staples - zszywki
stationery - materiały piśmiennicze
sticker - naklejka
student - student
tape - taśma
teacher - nauczyciel
test - test
textbook - podręcznik

timetable - plan lekcji

Professions - Zawody

accountant - księgowy/a

actor - aktor(ka)

administrator - Administrator(ka)

architect - Architekt(ka)

artist - artysta(artystka)

athlete - sportowiec

barber - barber(ka)

barman - barman(ka)

bodyguard - ochroniarz (ochroniarka)

builder - budowniczy/a

cashier - kasjer(ka)

cleaner - sprzątacz(ka)

coach - trener(ka)

composer - kompozytor(ka)

consultant - konsultant(ka)

cook - kucharz(kucharka)

courier - kurier(ka)

dentist - dentysta(dentystka)

designer - projektant(ka)

doctor - lekarz(lekarka)

driver - kierowca

economist - ekonomista(ka)

electrician - elektryk(elektryczka)

engineer - inżynier(ka)

financier - finansista(finansistka)

fireman - strażak(strażaczka)

guide - przewodnik(przewodniczka)

hairdresser - fryzjer(ka)

interpreter - tłumacz(ka)

journalist - dziennikarz(dziennikarka)

lawyer - prawnik(prawniczka)

librarian - bibliotekarz(bibliotekarka)

manager - kierownik(kierowniczka)

military (man) - wojskowy (mężczyzna)

musician - muzyk(muzykantka)

nurse - pielęgniarz(pielęgniarka)

photographer - fotograf(ka)

plumber - hydraulik(hydrauliczka)

policeman - policjant(ka)

politician - polityk(polityczka)

postman - listonosz(ka)

priest - ksiądz

profession - zawód

programmer - programista(programistka)

scientist - naukowiec

secretary - sekretarz(sekretarka)

shop assistant - sprzedawca(sprzedawczyni)

singer - piosenkarz(piosenkarka)

stylist - stylista(stylistka)

taxi driver - taksówkarz(taksówkarka)

teacher - nauczyciel(ka)

vet - weterynarz(weterynarka)

waiter - kelner(ka)

writer - pisarz(pisarka)

Actions - Działania

bend - zginać

carry - nosić

catch - złapać

crawl - czołgać się

dive - nurkować

drag - ciągnąć

hit - uderzać

hold - trzymać

hop - poskakiwać

jump - skakać

kick - kopać

lean - nachylać się

lift - podnosić

march - maszerować

pull - ciągnąć

push - pchać

put - umieścić

run - biegać

sit - siadać

skip - pomijać

slap - klepać

squat - przysiadać

stretch - rozciągać

throw - rzucać

tiptoe - chodzić na małych paluszkach

walk - chodzić

Music - Muzyka

accompaniment - akompaniament

accordion - akordeon

album - album

bagpipe - dudy

balalaika - bałałajka

ballet - balet

band - zespół

bass - bas

bassoon - fagot

baton - batuta

bow - smyczek

brass instruments - instrumenty dęte blaszane

cello - wiolonczela

chamber music - muzyka kameralna

clarinet - klarnet

classical music - muzyka klasyczna

compose - skomponować

composer - kompozytor

concert - koncert

conductor - dyrygent

cymbals - cymbały

drum - bęben

drum sticks - pałeczki do bębna

flute - flet

grand piano - fortepian

guitar - gitara

harp - harfa

horn - róg

instrumental music - muzyka instrumentalna

loudspeaker - głośnik

microphone - mikrofon

musical instruments - instrumenty muzyczne

musician - muzyk

oboe - obój

opera - opera

operetta - operetka

orchestra - orkiestra

organ - organy

percussion - perkusja

piano - fortepian

recital - recital

saxophone - saksofon

single - singiel

soloist - solista

song - piosenka

sound - dźwięk

string instruments - instrumenty smyczkowe

symphony - symfonia

synthesizer - syntezator

transcribe - przepisywać

trombone - puzon

trumpet - trąbka

tuba - tuba

video (clip) - wideo (klip)

viola - altówka

violin - skrzypce

virtuoso - wirtuoz

wind instruments - instrumenty dęte

Sports - Sport

aerobics - aerobik

athletics - lekkoatletyka

basketball - koszykówka

bowling - bowling

boxing - boks

canoeing - kajakarstwo

cycling - kolarstwo

dancing - taniec

diving - nurkowanie

football - piłka nożna

golf - golf

gymnastics - gimnastyka

hockey - hokej

jogging - jogging

judo - judo

karate - karate

parachuting - spadochroniarstwo

ping-pong - ping-pong

racing - wyścigi

sailing - żeglarstwo

shooting - strzelanie

skateboarding - jeżdżenie na desce

skating - łyżwiarstwo

skiing - narciarstwo

sledding - saneczkarstwo

swimming - pływanie

soccer - piłka nożna

tennis - tenis

volleyball - siatkówka

weightlifting - podnoszenie ciężarów

wrestling - wrestling

yachting - żeglarstwo

Body - Ciało

ankle - kostka

arm - ramię

back - plecy

bald - łysy

beard - broda

body - ciało

bottom - dół

calf (calves) - łydka(łydki)

cheek - policzek

chest - klatka piersiowa

chin - podbródek

elbow - łokieć

eye(s) - oko(oczy)

eyebrow - brew

eyelash - rzęsa

eyelid - powieka

face - twarz

finger - palec

fingernail - paznokieć

foot (feet) - stopa(stopy)

forehead - czoło

glasses - okulary

hair - włosy

hairy - owłosione

hand - ręka

head - głowa

heel - pięta

index finger - palec wskazujący

knee - kolano

leg - noga

lip(s) - warga(wargi)

little finger - mały palec

man - mężczyzna

middle finger - środkowy palec

moustache - wąsy

mouth - usta

neck - szyja

nose - nos

palm - dłoń

pupil - źrenica

ring finger - palec serdeczny

shin - goleń

shoulder - ramię

stomach - brzuch

sunglasses - okulary przeciwsłoneczne

thigh - udo

thumb - kciuk

toe - palec u nogi
toenail - paznokieć
tongue - język
tooth (teeth) - ząb(zęby)
waist - talia
woman - kobieta

Nature - Przyroda

beach - plaża
canyon - kanion
coast - wybrzeże
desert - pustynia
field - pole
forest - las
glacier - lodowiec
hill - góra
hollow - zagłębienie
island - wyspa
jungle - dżungla
lake - jezioro
mountain - góra
nature - natura
ocean - ocean
plain - równina
pond - staw
river - rzeka
rock - skała
sea - morze

Pet - Zwierzak

cat - kot
dog - pies
guinea pig - świnka morska
hamster - chomik
horse - koń
kitten - kotek
pet - zwierzę domowe
pig - świnka
piglet - prosię
puppy - szczeniak

rabbit - królik

Animals - Zwierzęta

animal - zwierzę
bat - nietoperz
bear - niedźwiedź
beaver - bóbr
bison - bizon
camel - wielbłąd
chimpanzee - szympans
deer - jeleń
donkey - osioł
elephant - słoń
fox - lis
giraffe - żyrafa
gorilla - goryl
hippopotamus - hipopotam
horse - koń
hyena - hiena
kangaroo - kangur
koala - koala
leopard - lampart
lion - lew
llama - lama
monkey - małpa
moose - łoś
mouse - mysz
panda - panda
pig - świnia
rabbit - królik
rat - szczur
rhinoceros - nosorożec
skunk - skunks
squirrel - wiewiórka
tiger - tygrys
wolf - wilk
zebra - zebra

Birds - Ptaki

bird - ptak

canary - kanarek
chicken - kurczak
crane - żuraw
crow - wrona
cuckoo - kukułka
duck - kaczka
eagle - orzeł
flamingo - flaming
goose - gęś
hawk - jastrząb
hummingbird - koliber
ostrich - struś
owl - sowa
parrot - papuga
peacock - paw
pelican - pelikan
penguin - pingwin
pheasant - bażant
pigeon - gołąb
seagull - mewa
sparrow - wróbel
stork - bocian
swallow - jaskółka
swan - łabędź
woodpecker - dzięcioł

Flowers - Kwiaty

bouquet - bukiet
camellia - kamelia
carnation - goździk
crocus - krokus
daffodil - żonkil
dahlia - dalia
daisy - stokrotka
dandelion - mniszek lekarski
flower - kwiat
gladiolus - mieczyk
iris - irys
lavender - lawenda

lily - lilia
lotus - lotos
narcissus - narcyz
orchid - orchidea
peony - piwonia
poppy - mak
rose - róża
snowdrop - przebiśnieg
sunflower - słonecznik
tulip - tulipan
violet - fiołek

Trees - Drzewa

bark - kora
beech - buk
birch - brzoza
branch - gałąź
chestnut - kasztanowiec
cone - szyszka
fir - jodła
forest - las
leaf - liść
linden - lipa
maple - klon
oak - dąb
palm - palma
pine - sosna
poplar - topola
root - korzeń
tree - drzewo
trunk - pień
willow - wierzba

Sea - Morze

alligator - aligator
cachalot - kaszalot
coral - koral
crab - krab
crayfish - rak
crocodile - krokodyl

dolphin - delfin
fish - ryba
frog - żaba
jellyfish - meduza
lobster - homar
mollusc - mięczak
ocean - ocean
octopus - ośmiornica
otter - wydra
sea - morze
sea snake - wąż morski
seal - foka
shark - rekin
shellfish - mięczak
shrimp - krewetka
snail - ślimak
starfish - rozgwiazda
swordfish - włócznik
tortoise - żółw
turtle - żółw
walrus - mors
whale - wieloryb

Colors - Kolory

yellow - żółty
green - zielony
blue - niebieski
brown - brązowy
white - biały
red - czerwony
orange - pomarańczowy
pink - różowy
gray - szary
black - czarny

Size - Rozmiar

size - rozmiar
small - małe
big - duże
medium - średnie

little - malutkie
large - wielkie
huge - ogromne
long - długie
short - krótkie
wide - szerokie
narrow - wąskie
high - wysokie
tall - wysokie
low - niskie
deep - głębokie
shallow - płytkie
thick - grube
thin - cienkie
far - dalekie
near - bliskie

Materials - Materiały

brick - cegła
cardboard - karton
clay - glina
cloth - tkanina
concrete - beton
glass - szkło
leather - skóra
material - materiał
metal - metal
paper - papier
plastic - plastik
rubber - guma
stone - kamień
wood - drewno
fabric - tkanina

Airport - Lotnisko

(air)plane - samolot
airport - lotnisko
aisle - przejście
armrest - podłokietnik
backpack - plecak

baggage - bagaż
boarding - wejście na pokład
cabin - kabina
carry-on - podręczny
cockpit - kokpit
customs - cło
delay - opóźnienie
destination - miejsce przeznaczenia
emergency - nagły wypadek
flight - lot
fuselage - kadłub
gate - brama
landing - lądowanie
lavatory - toaleta
life vest - kamizelka ratunkowa
liquid - płyn
passenger - pasażer
passport - paszport
runway - pas startowy
schedule - rozkład jazdy
seat - miejsce
security, guard - ochrona, strażnik
suitcase - walizka
tail - ogon
takeoff - start
terminal - terminal
ticket - bilet
trolley - wózek
undercarriage - podwozie
visa - wiza
window - okno
wing - skrzydło

Geography - Geografia

area - obszar
capital - stolica
city - miasto
country - kraj
district - powiat

region - region
state - państwo
town - miejscowość
village - wieś
cape - przylądek
cliff - klif
glacier - lodowiec
hill - wzgórze
mountain - góra
mountain chain - łańcuch górski
pass - przełęcz
peak - szczyt
plain - równina
plateau - płaskowyż
summit - szczyt
valley - dolina
volcano - wulkan
desert - pustynia
equator - równik
forest - las
highlands - wyżyny
jungle - dżungla
lowlands - niziny
oasis - oaza
swamp - bagno
tropics - tropiki
tundra - tundra
canal - kanał
lake - jezioro
ocean - ocean
ocean current - prąd oceaniczny
pool / pond - sadzawka / staw
river - rzeka
sea - morze
spring - źródło
stream - strumień

Crimes - Przestępstwa

arson - podpalenie

assault - napaść
bigamy - bigamia
blackmail - szantaż
bribery - łapówkarstwo
burglary - włamanie
child abuse - znęcanie się nad dzieckiem
conspiracy - spisek
espionage - szpiegostwo
forgery - fałszerstwo
fraud - oszustwo
genocide - ludobójstwo
hijacking - porwanie
homicide - zabójstwo
kidnapping - porwanie
manslaughter - nieumyślne
spowodowanie śmierci
mugging - napaść w celu rabunkowym
murder - morderstwo
perjury - krzywoprzysięstwo
rape - gwałt
riot - zamieszki
robbery - rozbój
shoplifting - kradzież sklepowa
slander - pomówienie
smuggling - przemyt
treason - zdrada
trespassing - wkroczenie

Numbers - Liczby

one - jeden
two - dwa
three - trzy
four - cztery
five - pięć
six - sześć
seven - siedem
eight - osiem
nine - dziewięć
ten - dziesięć

eleven - jedenaście
twelve - dwanaście
thirteen - trzynaście
fourteen - czternaście
fifteen - piętnaście
sixteen - szesnaście
seventeen - siedemnaście
eighteen - osiemnaście
nineteen - dziewiętnaście
twenty - dwadzieścia
twenty-one - dwadzieścia jeden
twenty-two - dwadzieścia dwa
thirty - trzydzieści
forty - czterdzieści
fifty - pięćdziesiąt
sixty - sześćdziesiąt
seventy - siedemdziesiąt
eighty - osiemdziesiąt
ninety - dziewięćdziesiąt
one hundred - sto
one hundred and one - sto-jeden
two hundred - dwieście
one thousand - (jeden)tysiąc
one million - (jeden)milion

Ordinal numbers - Numery porządkowe

first - pierwszy
second - drugi
third - trzeci
fourth - czwarty
fifth - piąty
sixth - szósty
seventh - siódmy
eighth - ósmy
ninth - dziewiąty
tenth - dziesiąty
eleventh - jedenasty
twelfth - dwunasty

thirteenth - trzynasty
fourteenth - czternasty
fifteenth - piętnasty
sixteenth - szesnasty
seventeenth - siedemnasty
eighteenth - osiemnasty
nineteenth - dziewiętnasty
twentieth - dwudziesty
twenty-first - dwudziesty pierwszy
twenty-second - dwudziesty drugi
twenty-third - dwudziesty trzeci
twenty-fourth - dwudziesty czwarty
twenty-fifth - dwudziesty piąty
twenty-sixth - dwudziesty szósty
twenty-seventh - dwudziesty siódmy
twenty-eighth - dwudziesty ósmy
twenty-ninth - dwudziesty dziewiąty
thirtieth - trzydzieste
fortieth - czterdziesty
fiftieth - pięćdziesiąty
sixtieth - szósty
seventieth - siedemdziesiąty
eightieth - osiemdziesiąty
ninetieth - dziewięćdziesiąte
hundredth - setny
thousandth - tysięczny
millionth - milionowy